のルールづくりや活動を進めることが重要である。また終活だけではない。マンション暮らしには、日ごろの災害への備えや維持管理、修繕への対応、安全・安心やコミュニティなど、ハードからソフトにわたってさまざまな問題が山積している。ユーザーでありオーナーである居住者にその自己解決力が求められているが、いまマンションに暮らす多くの居住者にそうした意識があるだろうか。管理組合やコミュニティは、きちんと機能するだろうか。

本格的な人口減少社会を迎える日本では、暮らしやすさや都市のコンパクト化にともない、今後もマンションへの需要はますます増えると見られている。よって、これらの問題に直面する人々が今後圧倒的な勢いで増えていくだろう。

本書は、マンション問題やマンション管理に進行形で取り組む専門家が、もはや都市・社会問題となるであろうこれらの課題を検証し、そもそもマンションに住むこと、マンションと一緒に生きることはどういうことかを考えたものである。

マンションを所有する人、住んでいる人、これから住もうと思う人はもちろん、地域の風景の一部であるマンションがどのようなことになっているかに関心がある人すべてに、読んでもらえれば幸いである。

著者一同

人口減少時代のマンションと生きる　目次

第1章

人口減少社会のなかのマンション

1 「人口減少」待ったなし

わが国では長年にわたって、少子化・高齢化やそのことにともなう人口減少が大きな課題になると指摘されてきた。総務省統計局によれば日本の総人口は二〇〇五年に戦後初めて減少に転じ、二〇〇六年はわずかに増加、二〇〇七〜一〇年は横ばいで推移したものの、二〇一一年以降は継続的に減少するようになった。総務省統計局は二〇一一年を「人口が継続して減少する社会の始まりの年〜人口減少社会『元年』と言えそう」だと指摘している*1。

人口減少の議論に大きなインパクトを与えたのが、日本創成会議・人口減少問題検討分科会（座長・増田寛也・東京大学大学院客員教授）が二〇一四年五月に公表した「ストップ少子化・地方元気戦略」である。同戦略では、「若年女性人口（二〇〜三九歳の女性人口）が二〇四〇年に五割以上減少する市町村は八九六（全体の四九・八％）に達し、そのうち人口一万人未満は五二三（全体の二九・一％）にのぼる*2」との試算結果を発表した。またこれら〝消滅可能性都市〟の一覧を公表した。

この試算結果は「増田レポート」として大きくメディアでも取り上げられ、関係者に大きな衝撃を与えた。増田レポートは人口減少問題が改めてクローズアップされるきっかけとなった。

増田レポートがひとつのきっかけとなり、国は二〇一四年九月に、「まち・ひと・しごと創生本部」を設置した。同本部は、「人口急減・超高齢化という我が国が直面する大きな課題に対し政府一体となって取り組み、各地域がそれぞれの特徴を活かした自律的で持続的な社会を創生*3」することを目的とした組織である。

二〇一四年一一月には「まち・ひと・しごと創生法」が成立した。さらに同法に基づき、二〇一四年一二月には「まち・ひと・しごと創生長期ビジョン」と「まち・ひと・しごと創生総合戦略」が公表された。まち・ひと・しごと創生長期ビジョンでは人口問題に対する基本認識として、人口減少が今後加速度的に進むこと、人口減少が地方から始まり都市部へ広がっていくこと、東京圏に過度に人口が集中しており、今後も人口流入が続く可能性が高いことなどが指摘されている[*4]。

2　データで見る人口・世帯数の見通し

1　総人口の推移

全国――二〇一一年がピーク

では、人口減少がどのように進んでいるのか、今後どのように進んでいくのかについて、データを通して確認してみたい。第二次世界大戦終戦から五年が経過した一九五〇年時点のわが国

＊1――総務省統計局「統計Today No.9」(http://www.stat.go.jp/info/today/009.htm)二〇一四年一二月一九日閲覧。
＊2――日本創成会議・人口減少問題検討分科会「ストップ少子化・地方元気戦略」二〇一四年五月八日。
＊3――首相官邸「まち・ひと・しごと創生本部」(http://www.kantei.go.jp/jp/singi/sousei/)二〇一四年一二月一九日閲覧。
＊4――「まち・ひと・しごと創生長期ビジョン」二〇一四年一二月二六日閣議決定。

の総人口は、約八、四〇〇万人であった。その後は二度のベビーブーム(第一次・一九四七年〜四九年、第二次・一九七一年〜七四年)による団塊の世代・団塊ジュニア世代の誕生など、わが国の人口は増加を続け、二〇一〇年時点には約一億二、八〇〇万人となる。しかし二〇〇五年に初めて前年比で減少に転じ、二〇一一年以降は継続的に人口が減少している。減少傾向は止まらず、国立社会保障・人口問題研究所による推計(出産中位・死亡中位)では二〇四八年には一億人を下回る。その後、二〇六〇年には八、七〇〇〇万人にまで急減すると予測されている[図1]。

なお、まち・ひと・しごと創生長期ビジョンでは、二〇三〇年〜四〇年ごろに出生率が二・〇七まで回復した場合(二〇一三年の出生率は一・四三)、二〇六〇年には総人口一億人程度を確保し、長期的には九、〇〇〇万人程度で安定的に推移する、と推計している。その実現のための取り組みはまだ始まったばかりであることから、本書において人口および世帯数について将来予測を踏まえて議論する際には、国立社会保障・人口問題研究所による推計(出産中位・死亡中位)に基づくものとする。

都市部――東京への一極集中進む

戦後、地方圏から三大都市圏(東京圏、名古屋圏、大阪圏)への人口流入が進んできた。一九六〇年代の高度経済成長期においては、団塊の世代(当時一〇代〜二〇代前半)が大量に集団就職することなどにより、地方から三大都市圏に毎年四〇〜六〇万人が移動した。

一九七〇年代前半以降は名古屋圏・大阪圏への人口流入はほぼ横ばいとなっており、バブル崩

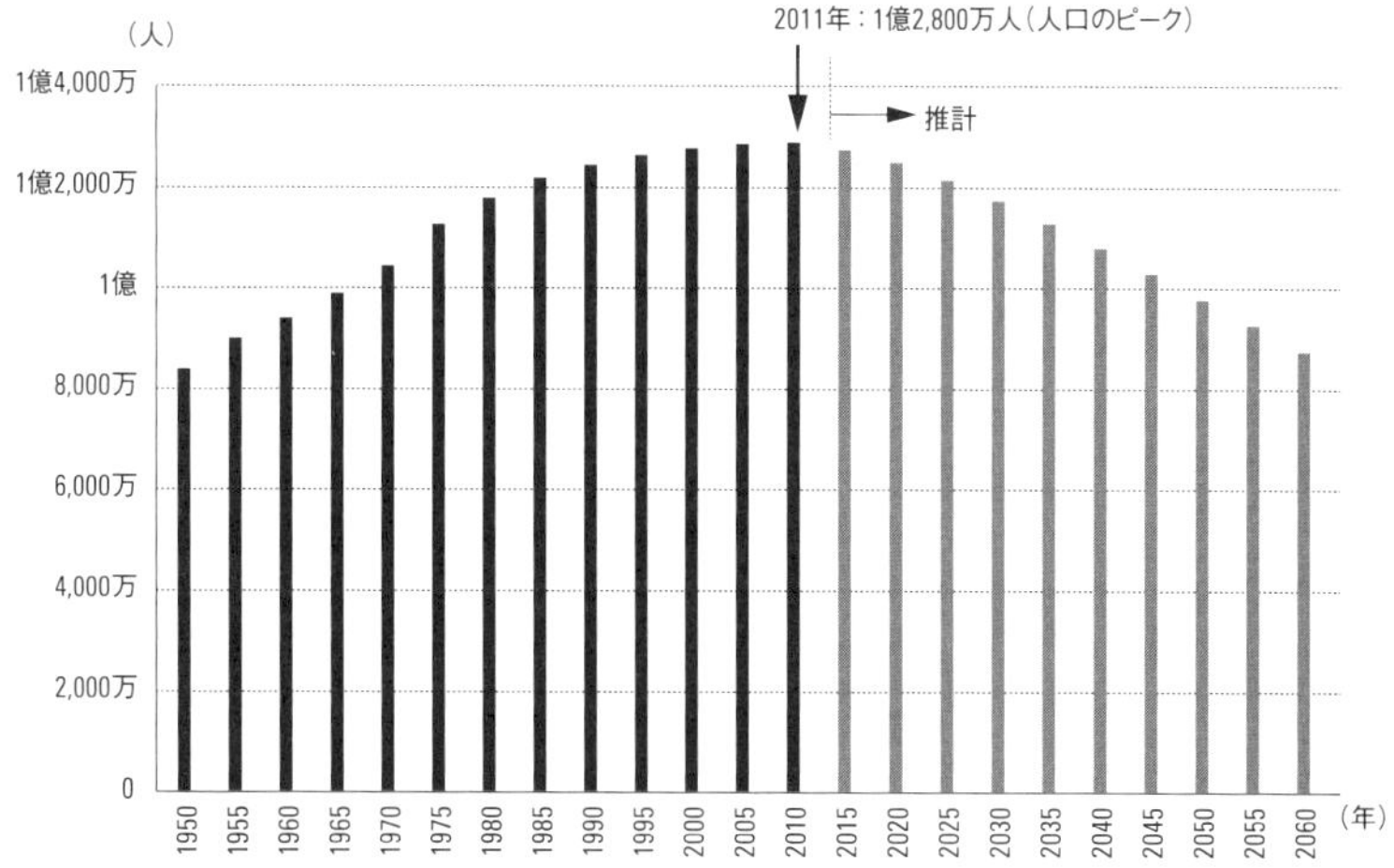

図1　戦後の総人口の推移および将来推計
（1950年～2012年:総務省統計局「日本の統計2014」、2013年～2060年:国立社会保障・人口問題研究所「日本の将来推計人口（2012年1月推計）より作成）

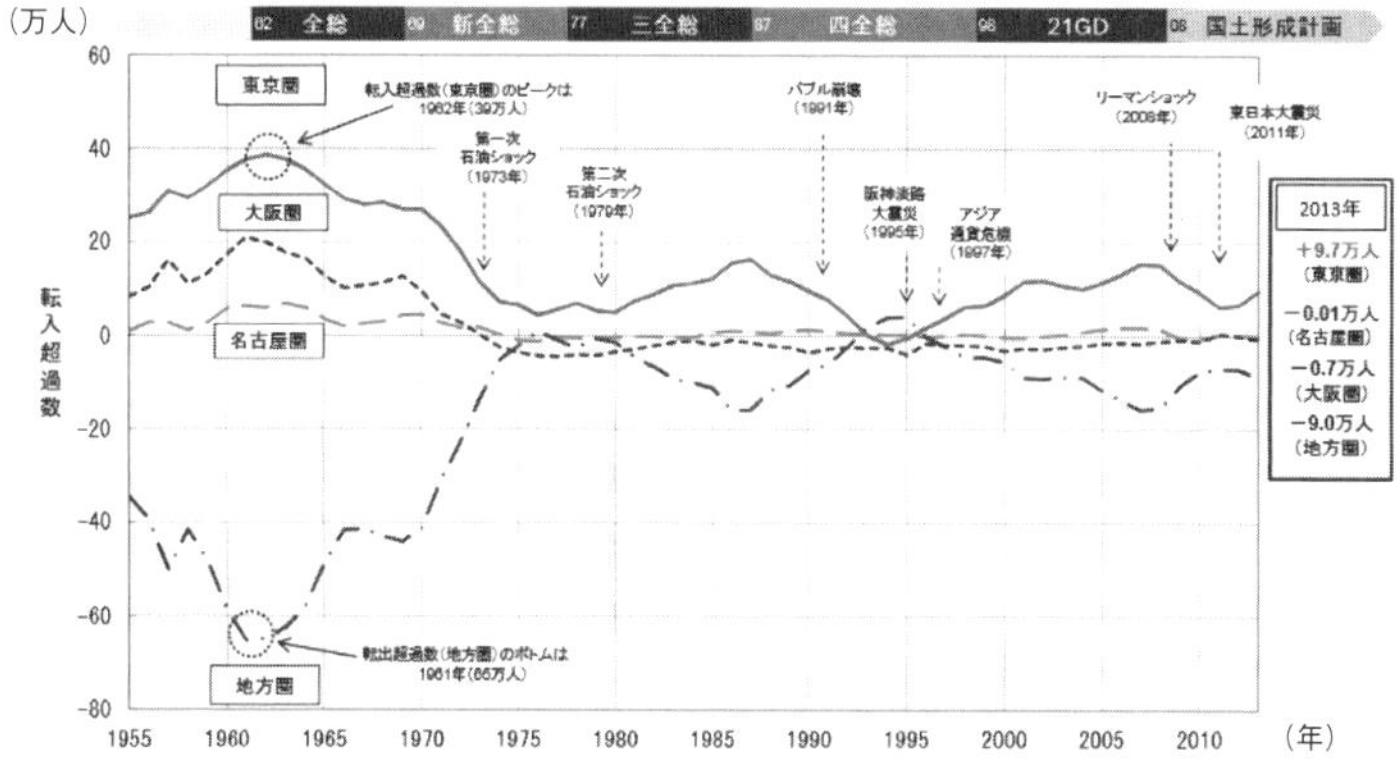

図2　三大都市圏・地方圏の人口移動の推移
（国土交通省「国土のグランドデザイン2050参考資料」http://www.mlit.go.jp/common/001050896.pdf）

壊後の一九九〇年代前半という一時期を除いて、地方の人口が東京圏に一極集中的に流入する、という状況が続いている[図2]。

2　世帯数の推移

子のいる世帯数は加速度的に減少

先に述べたとおり、総人口のピークはすでに二〇一一年に迎えており、今後は減少傾向が続く。一方で住宅の需要に直接的に影響する世帯数は、一世帯当たりの人数が減少していることから、現在も増加傾向にある。ただし二〇一九年に五、三〇七万世帯でピークを迎え、その後は減少に転じる。二〇三五年時点の世帯数は四、九五六万世帯であり、これは二〇〇五年時点とほぼ同水準となる[図3]。

その内訳を見ると、単独世帯と夫婦のみ世帯は今後も増加を続ける(ただし単独世帯のピークは二〇三〇年、夫婦のみのピークは二〇二〇年)一方で、夫婦と子世帯はすでにピークを一九八五年に迎えており、今後も減少が続く。

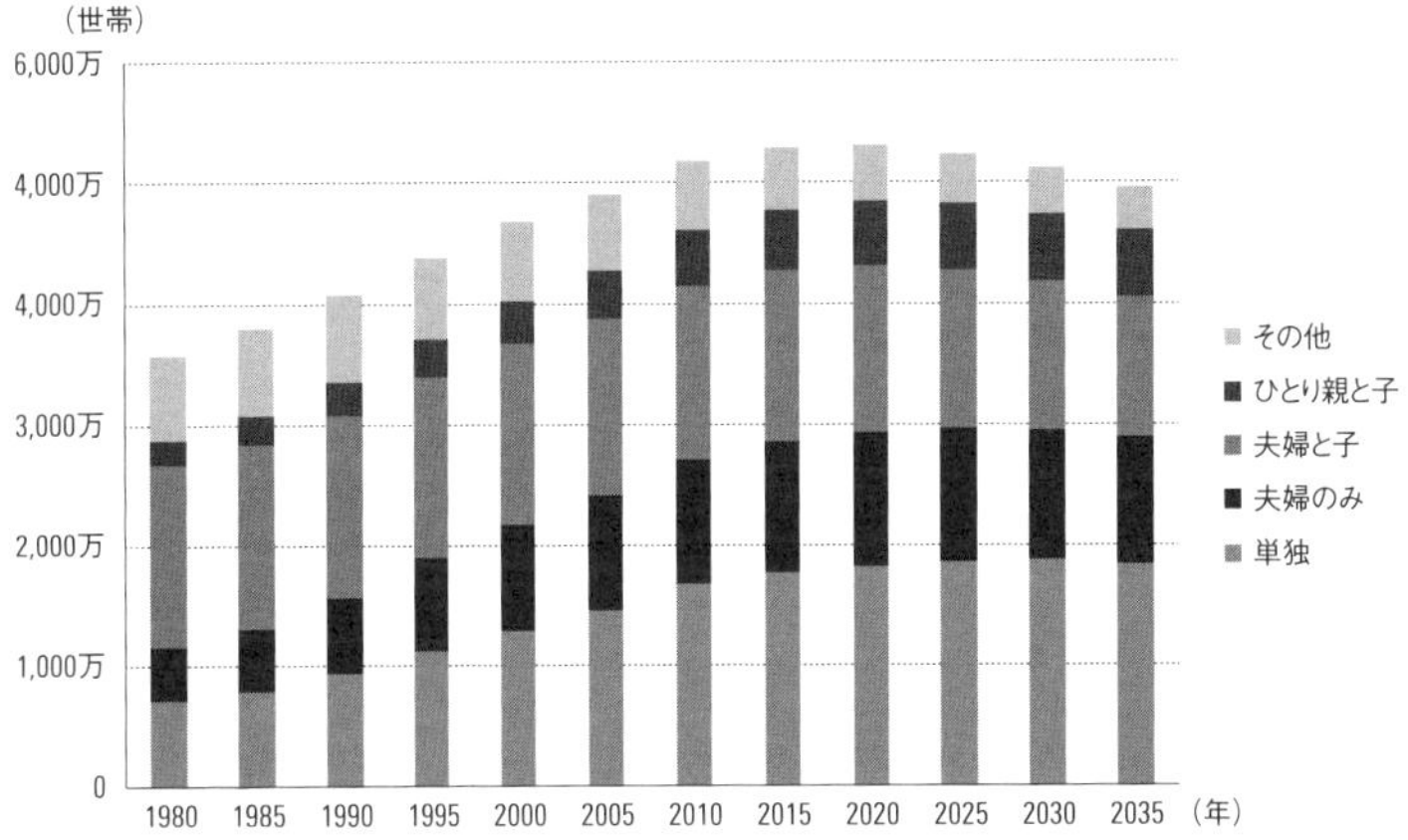

図3 全国の世帯数の推移と見通し
（国立社会保障・人口問題研究所「日本の世帯数の将来推計(全国推計)」2013、http://www.ipss.go.jp/pp-ajsetai/j/HPRJ2013/t-page.aspより作成）

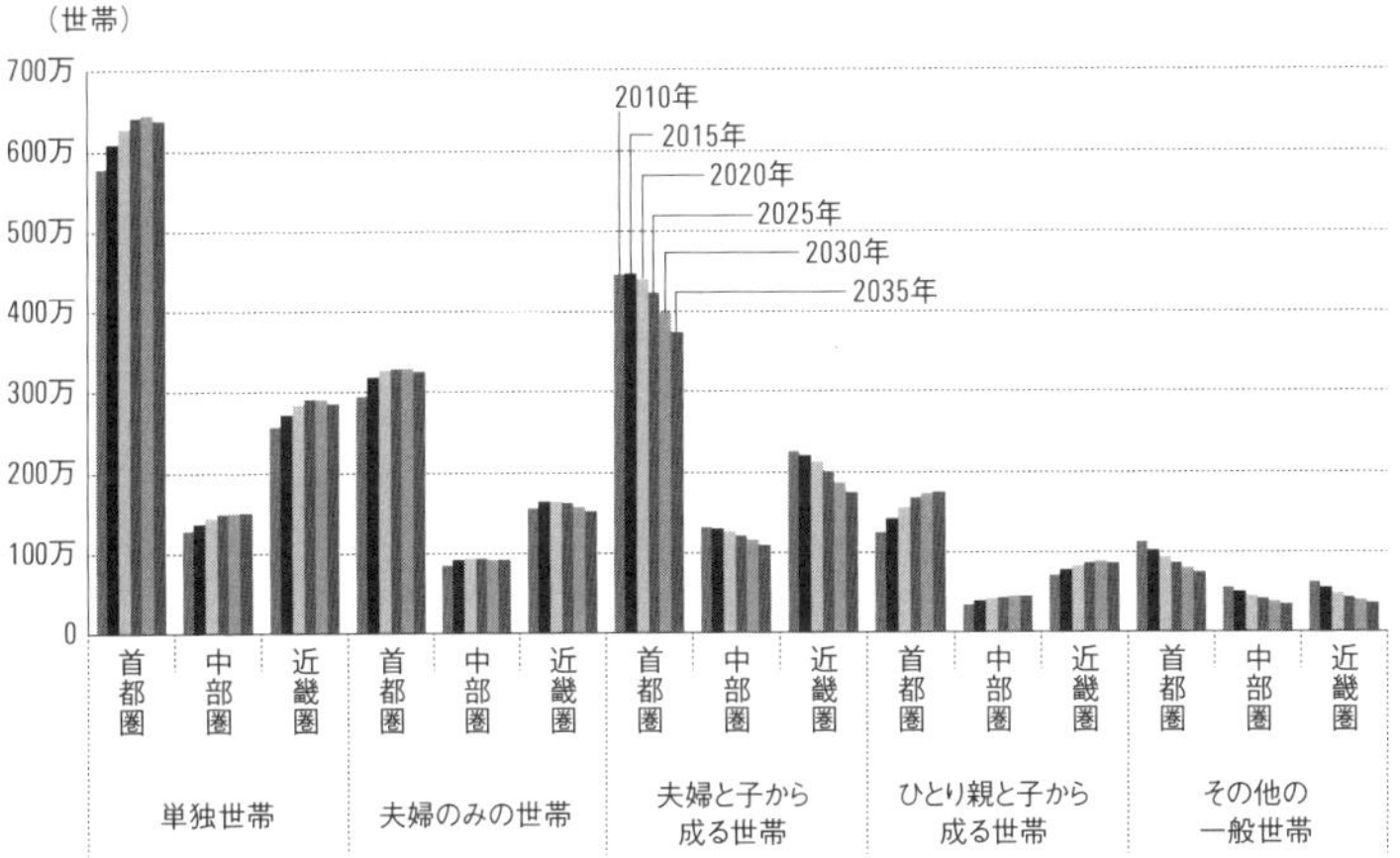

図4 大都市圏の世帯数推計
（国立社会保障・人口問題研究所『日本の世帯数の将来推計（都道府県別推計）』2014、http://www.ipss.go.jp/pp-pjsetai/j/hpjp2014/setai/shosai.aspより作成）

3 人口減少・世帯減少時代においても需要が増すマンション

マンションに対するニーズは高まる

これまで見てきたように、わが国の総人口はすでに減少に転じており、今後も減少傾向は続く。また、世帯数は二〇二〇年まで増加するが、その後は減少に転じる。その内訳を見ると、「単独」「夫婦のみ」「ひとり親と子」の世帯数は増える一方で「夫婦と子」の世帯数は減少する。すなわち世帯当たり人数が減ることから「面積の広い住宅」へのニーズは弱まり、むしろ「狭い（世帯人数に合った）住宅」へのニーズが高まるだろう。

内閣府の調査によると、高齢期において「持ち家に住みたい」と考えている人は八割近い[図5]。また住居を選ぶ際に重視する項目として、「引き続き住み続けられること」「家賃を支払う必要がないこと」を重視している人が多い[図6]。この二つの結果から、高齢期において安定して住み続けられる（途中で住む場所を失うリスクがない）ことを重視している人が多いことがわかる。

くわえて、今後は高齢化が進むため、バリアフリー化や高断熱性能といった「ハード面で高齢者にやさしい住宅」、医療・福祉・見守りといった「ソフト面で高齢者にやさしい住宅」へのニーズが高まるものと考えられる。

このように「世帯当たり人数が減ることで狭い（世帯人数に合った）住宅へのニーズが高まる」「持ち家志向は変わらない」「高齢化が進む」という三つの条件を考えると、集合住宅（特に分譲マンショ

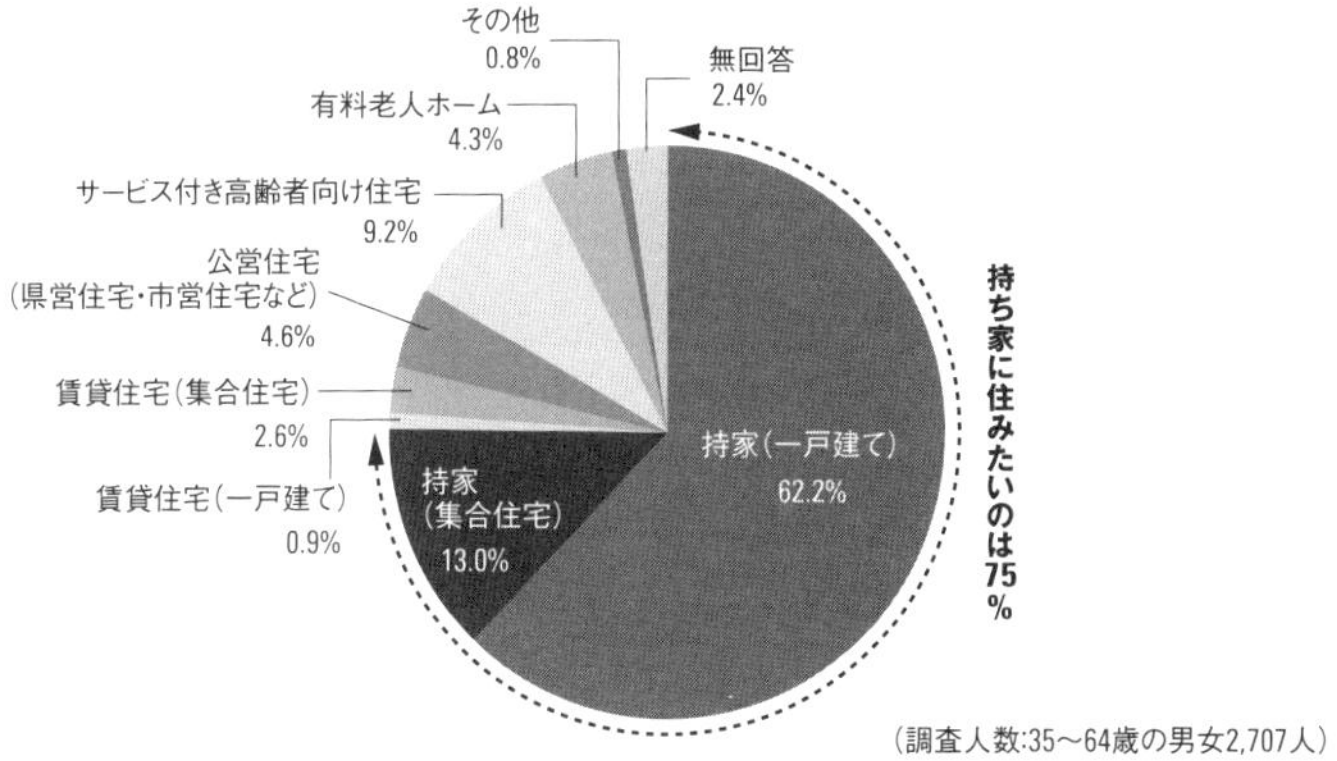

図5　高齢期に住みたい住居形態
（内閣府「高齢期に向けた「備え」に関する意識調査」2013）

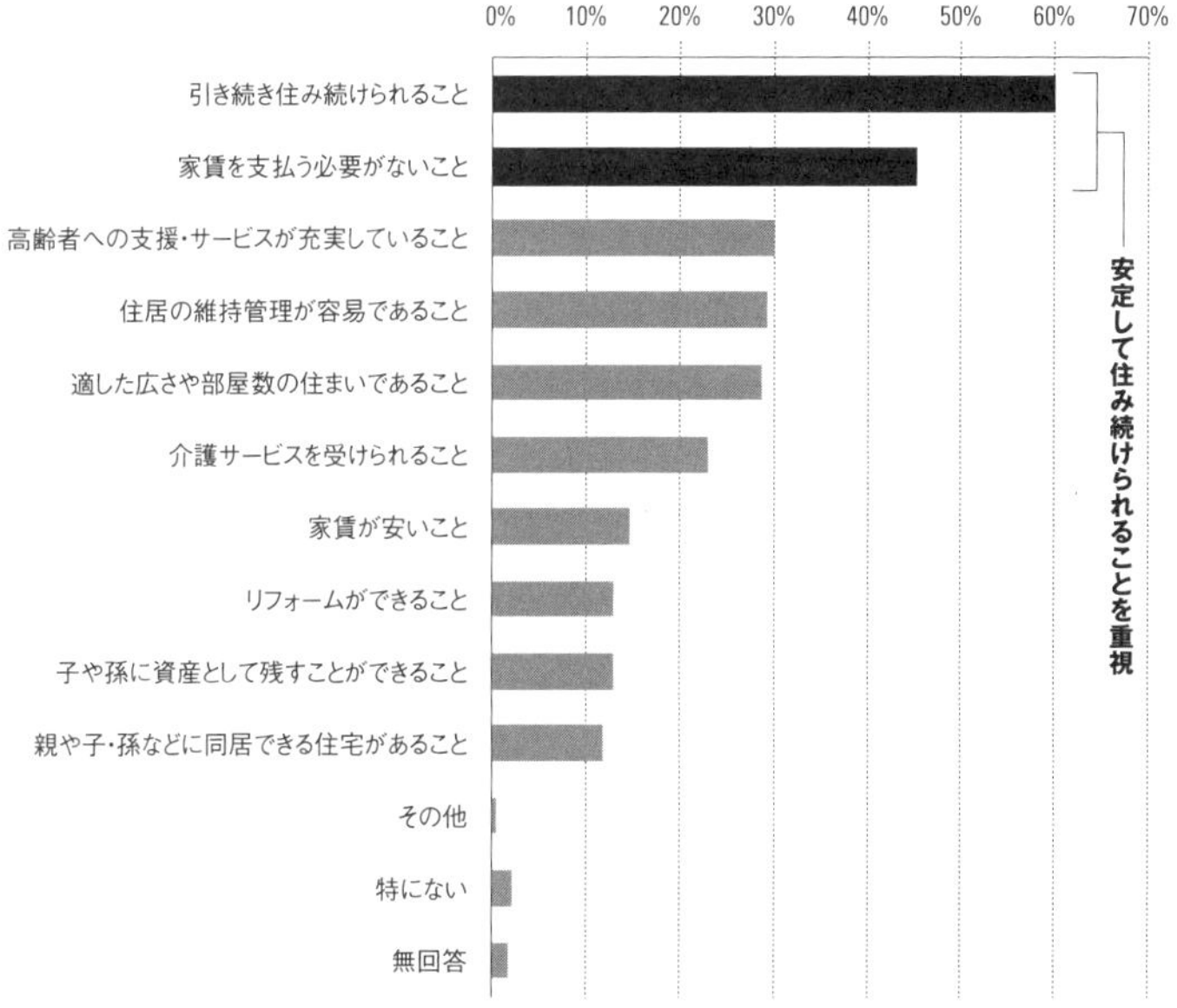

図6　高齢期に住みたい住居を選ぶ条件（複数回答）
（内閣府「高齢期に向けた「備え」に関する意識調査」2013）

ン)のニーズは今後も変わらない、あるいは強まる可能性が高い。東京においても地方においても、今後もマンションは供給され続けるだろう。

なお、古くはいわゆる「住宅すごろく」においてマンションは最終ゴールではなく、戸建てに住むまでの一時的な住まいである、との認識があったが、マンションを「終の棲家」と捉える傾向は強まっている。国土交通省「マンション総合調査」によれば、一九八〇年度の調査では「いずれは住み替えるつもりである」が五七・〇%であったのに対して、「永住するつもりである」が二一・七%にとどまっていた。しかしこの比率は一九九九年度調査で逆転し、二〇一三年度調査では「いずれは住み替えるつもりである」が一七・六%であるのに対して、「永住するつもりである」が五二・四%となっている［図7］。したがって、マンションは「終の棲家」の選択肢の一つとして認識されている。

現在、分譲マンションに暮らすのは八世帯に一世帯

国土交通省の資料によれば、わが国の分譲マンションのストック数は、二〇一四年末現在で約六一三万戸である。ひとつの管理組合が六〇戸程度と想定すると、約一〇万の管理組合が存在することになる。

また、東京カンテイのデータによれば、全国の世帯数に占める分譲マンション戸数の割合は二〇一四年時点で一二%となっている。都道府県別にみると、東京都が二六%と最も高い。首都圏(一都三県)では二一%である［表1］。

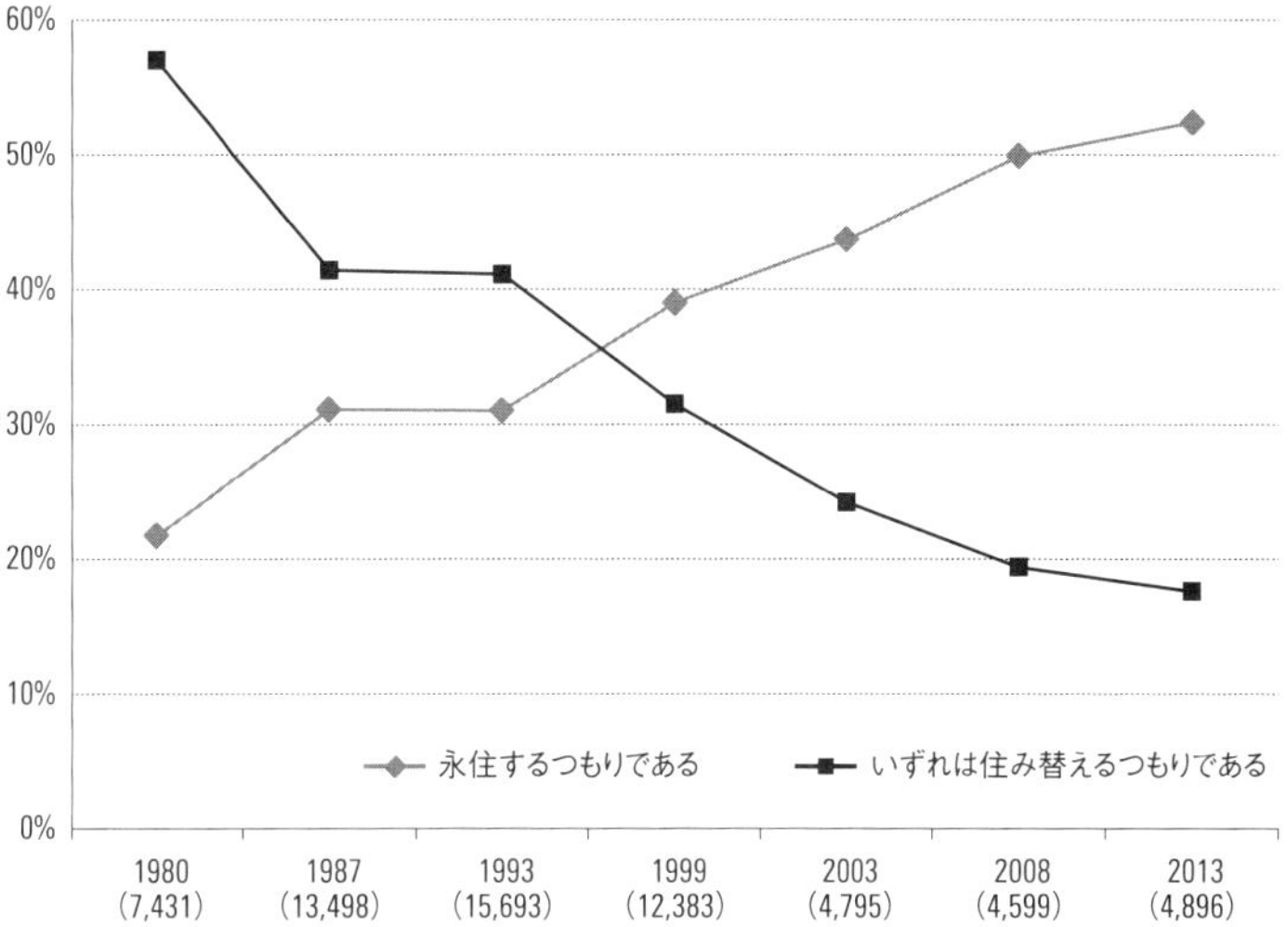

(　)内は調査人数

図7　分譲マンションの永住意識
(国土交通省「マンション総合調査」)

滋賀県	39,920	536,519	7.44%	14	13.4	7.40%
京都府	130,184	1,147,965	11.34%	9	8.8	11.21%
大阪府	741,571	4,016,527	18.46%	3	5.4	18.20%
兵庫県	440,085	2,413,893	18.23%	4	5.5	18.04%
奈良県	53,524	571,929	9.36%	11	10.7	9.25%
和歌山県	16,516	435,010	3.80%	22	26.3	3.76%
近畿圏	**1,421,800**	**9,121,843**	**15.59%**	**—**	**6.4**	**15.40%**
鳥取県	5,525	230,681	2.40%	38	41.8	2.36%
島根県	5,477	281,527	1.95%	43	51.4	1.93%
岡山県	29,365	804,777	3.65%	23	27.4	3.58%
広島県	118,370	1,251,348	9.46%	10	10.6	9.30%
山口県	22,786	649,390	3.51%	24	28.5	3.40%
徳島県	9,748	326,683	2.98%	32	33.5	2.96%
香川県	25,079	421,922	5.94%	15	16.8	5.87%
愛媛県	21,350	639,586	3.34%	26	30.0	3.28%
高知県	10,835	351,297	3.08%	31	32.4	3.05%
福岡県	342,777	2,263,838	15.14%	6	6.6	14.98%
佐賀県	9,995	318,738	3.14%	29	31.9	3.06%
長崎県	24,678	621,286	3.97%	21	25.2	3.93%
熊本県	37,166	751,753	4.94%	19	20.2	4.87%
大分県	30,562	519,123	5.89%	17	17.0	5.77%
宮崎県	12,769	513,387	2.49%	37	40.2	2.44%
鹿児島県	25,702	799,430	3.22%	28	31.1	3.19%
沖縄県	27,330	596,152	4.58%	20	21.8	4.40%
全国	**6,638,248**	**54,952,108**	**12.08%**	**—**	**8.3**	**11.94%**

注　2014年マンション化率の*を付した箇所は前年比マイナスを示す。
（東京カンテイ、2015年1月29日付けプレスリリースより）

表1 全国の世帯数に占める分譲マンション戸数

都道府県	2014年					2013年
	ストック戸数	世帯数	マンション化率	順位	○○世帯に1世帯の割合	マンション化率
北海道	202,888	2,713,725	7.48%	13	13.4	7.46%
青森県	5,016	583,207	0.86%	47	116.3	0.85%
岩手県	13,002	513,113	2.53%*	36	39.5	2.54%
宮城県	86,185	942,653	9.14%	12	10.9	9.14%
秋田県	5,787	423,148	1.37%	46	73.1	1.37%
山形県	6,296	405,093	1.55%*	45	64.3	1.56%
福島県	16,656	756,251	2.20%	41	45.4	2.20%
茨城県	36,162	1,161,856	3.11%	30	32.1	3.07%
栃木県	18,535	779,280	2.38%	39	42.0	2.38%
群馬県	22,381	789,700	2.83%*	33	35.3	2.84%
埼玉県	431,295	3,033,112	14.22%	7	7.0	14.04%
千葉県	419,461	2,656,740	15.79%	5	6.3	15.71%
東京都	1,712,573	6,492,408	26.38%	1	3.8	25.90%
神奈川県	903,004	4,044,895	22.32%	2	4.5	22.17%
首都圏	3,466,333	16,227,155	21.36%	—	4.7	21.09%
新潟県	47,538	869,129	5.47%	18	18.3	5.47%
富山県	8,341	399,204	2.09%	42	47.9	2.03%
石川県	15,987	459,653	3.48%	25	28.8	3.43%
福井県	5,169	278,631	1.86%	44	53.9	1.85%
山梨県	11,365	344,079	3.30%*	27	30.3	3.32%
長野県	22,221	834,188	2.66%	34	37.5	2.62%
岐阜県	17,191	770,703	2.23%	40	44.8	2.20%
静岡県	87,945	1,485,705	5.92%	16	16.9	5.86%
愛知県	342,745	3,005,972	11.40%	8	8.8	11.33%
三重県	19,191	746,902	2.57%	35	38.9	2.56%
中部圏	467,072	6,009,282	7.77%	—	12.9	7.71%

マンションの適切な維持管理が重要な社会課題に

世帯数は二〇一九年をピークに全国的に減少となることから、住宅の需要は減少する。過剰供給となった場合、適切に維持管理されていないような住宅（戸建てもマンションも）は市場から評価されなくなり、空き家化が進む。空き家化が進んだ住宅は、ますます適切に維持管理が行われず、劣化・老朽化が加速する、という悪循環に陥る。

したがって、劣化・老朽化が進んでいるようなマンションを放置せずに適切に維持・管理する、あるいは減築するための方策について検討することは、本格的な人口減少社会を迎えるわが国において、所有者個々人にとっても、社会全体にとっても、非常に重要な課題である。

二〇一五年には「空家等対策の推進に関する特別措置法」が施行された。国や地方自治体などによる空家対策の議論は主に戸建てを対象として想定しているものと考えられるが、今後はマンションについても議論が必要になる。

第2章

マンションの「一生」とその間のリスク

1 マンションの「一生」

「はじめに」で指摘したように、マンションが新たに建てられてからその役割を終えるまでの期間は、人の「一生」になぞらえることができる。

ここでは、マンションの「一生」を「新築・引き渡し段階」「居住段階」「終活段階」の三段階に分け、それぞれの段階で想定される典型的な状況を示す［図1］。

1 新築・引き渡し段階

デベロッパーなどによってマンションが新たに建てられ、新築時の購入者に対して引き渡されるまでの段階を指す。

購入者の多くは三〇代・四〇代を世帯主とした「夫婦と子から成る世帯」である。超高層マンションのような一部のマンションを除けば、同じマンションのなかで間取りや広さ、分譲価格にそれほど大きな差異は生じないため、居住者の属性（年代・家族構成・年収など）は近しいものとなることが多い。また躯体や設備は新品であり、その時代のニーズを反映したものであることが多い。

2 居住段階

マンションの引き渡しを受けて入居し、居住する段階を指す。

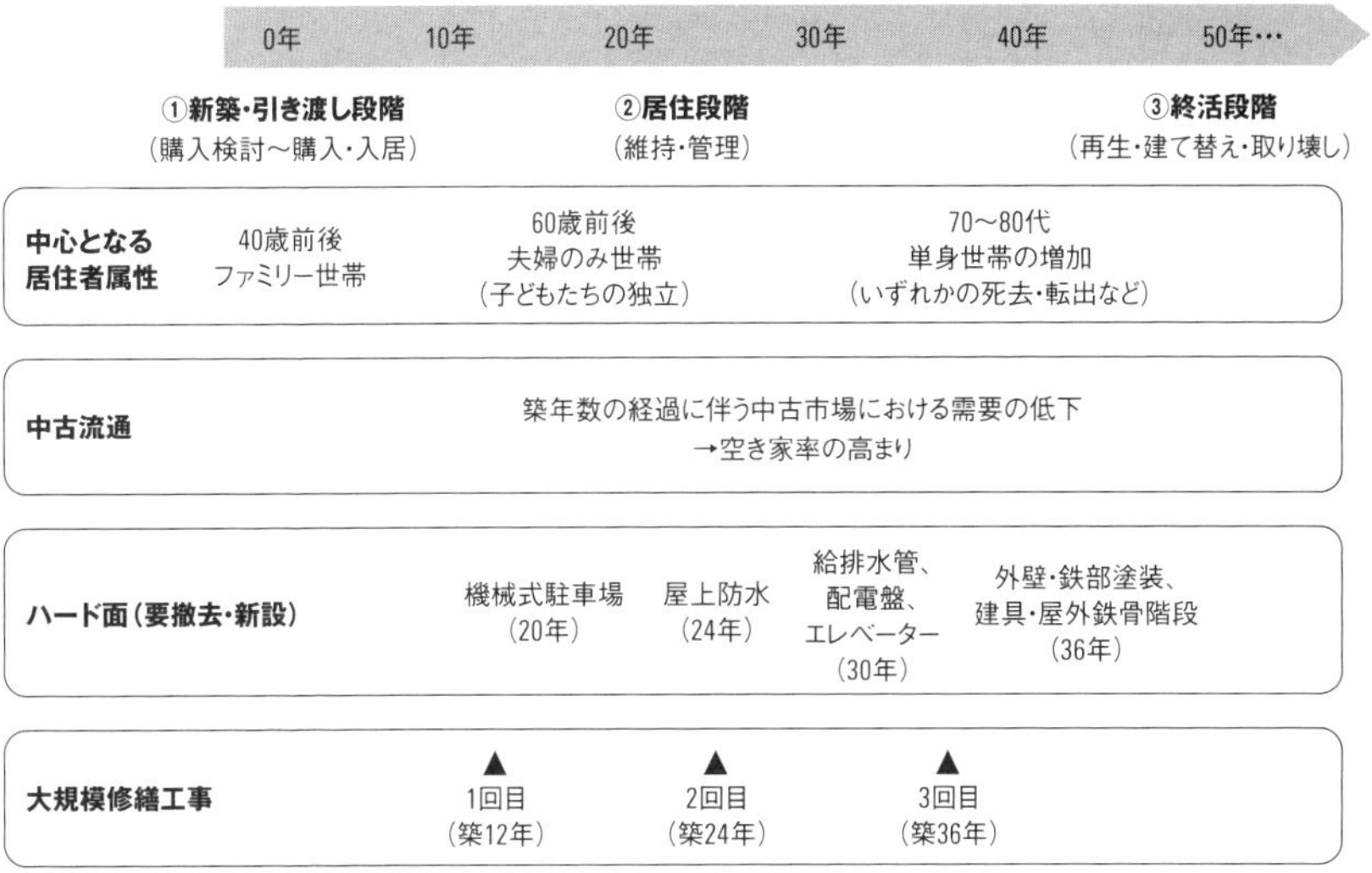

0年
10年
20年
30年
40年
50年…
①新築・引き渡し段階
（購入検討〜購入・入居）
②居住段階
（維持・管理）
③終活段階
（再生・建て替え・取り壊し）
中心となる居住者属性
40歳前後
ファミリー世帯
60歳前後
夫婦のみ世帯
（子どもたちの独立）
70〜80代
単身世帯の増加
（いずれかの死去・転出など）
中古流通
築年数の経過に伴う中古市場における需要の低下
→空き家率の高まり
ハード面（要撤去・新設）
機械式駐車場
（20年）
屋上防水
（24年）
給排水管、
配電盤、
エレベーター
（30年）
外壁・鉄部塗装、
建具・屋外鉄骨階段
（36年）
大規模修繕工事
1回目
（築12年）
2回目
（築24年）
3回目
（築36年）

図1　築年数の経過に伴ってマンションに生じる変化

築年数の経過とともに、売却したり賃貸に出したりする人が現れる。当然のことながらその人たちから中古で購入したり賃借する人も現れる。入居時においては近しかった居住者属性は、入居者の転出・転入に伴って徐々に多様化していく。

建物の躯体や設備は時間の経過とともに着実に劣化していく。また、新築時は最新の機能を誇っていた設備であったとしても、新たな技術開発や商品の登場に伴い、いわゆる「時代遅れ」となってしまうこともある。

3 終活段階

分譲されてから数十年が経過した段階を指す。

築年数が数十年を超えると、居住者の高齢化が進み死去したり、高齢者用施設へ引越ししたりすることにより、退居が進む。空いた部屋に新たに入居者が現れればよいが、築数十年が経過していると、なかなか入居者が見つからず、空き家が増えるおそれもある。建物・設備の劣化が進むことで、改修・リノベーションや建て替え、取り壊しといった「終活」の検討・実行が必要になる。ただし後述するように、「終活」を適切に行うのはなかなか困難である。

2 マンションが一生を全うするために必要なヒト・カネ・ルール・モノ

すべてのマンションが「新築・引き渡し段階」「居住段階」「終活段階」という三つの段階を経て、その一生を終える。しかし無事に一生を全うするためには、適切なタイミングにおいて維持管理を行うこと、また後述する最終的な「出口」に向けた選択や準備をすることが必要である。そのためには、「ヒト」および「カネ」を不足させないこと、また適切な「ルール」が設定されていることが必須である。

以下では、「ヒト」および「カネ」が不足することや、「ルール」が適切に設定されていないことにより、「モノ」がどのように劣化していくのかについて整理する。

1 ヒト——管理の担い手不足

築年数の経過に伴い、役員など管理の担い手が不足することは、マンションの一生にとって大きなリスクとなる。管理の担い手が不足すると、理事会や総会が開催されなくなり、管理組合としての意思決定を下すことができなくなるという事態も起こりうる。その結果、日常管理や大規模修繕が行われなくなり、ハードそのものの劣化が進む。

多くの管理組合では役員選出のルールとして輪番制を採用しているが、輪番制が機能しなくなると、管理組合活動に参加するのは一部の区分所有者のみ、という状況に陥る。その結果、一部

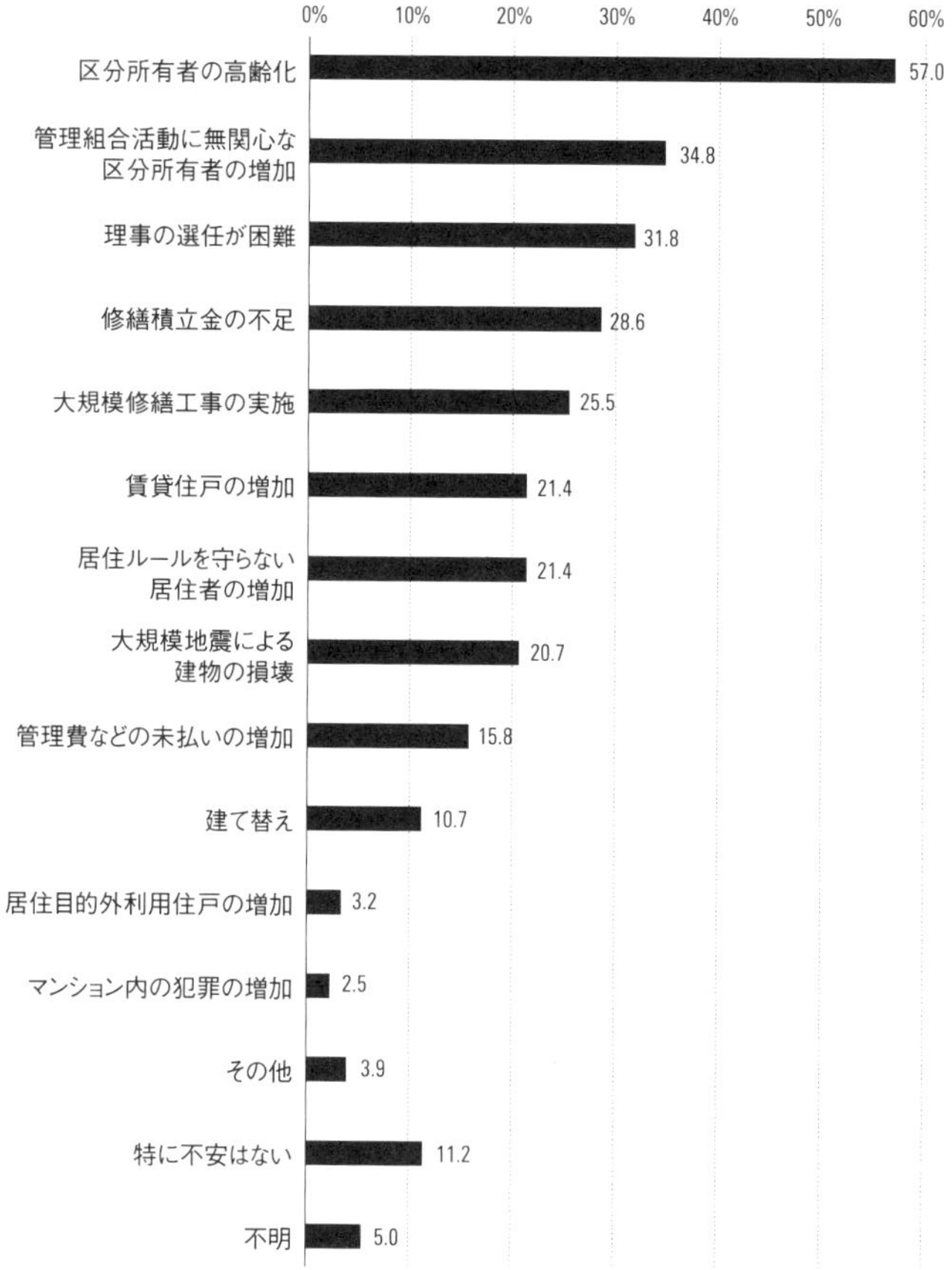

図2　管理組合運営における将来への不安（重複回答）
（国土交通省「2013年度マンション総合調査」）

の区分所有者に過度の負担がかかり、負担を担わされている側が不公平感・不満を感じるようになる。また、他の区分所有者が管理組合活動に参画せず、役員の行動に対するチェックが機能しなくなった場合、一部の区分所有者による不法行為が横行するというリスクも否定できない。

したがって、適切な管理者を確保し続けることは、すべてのマンションにとって重要な課題である。

2　カネ――修繕積立金の不足

時間の経過とともに劣化する建物を適切に維持・管理するためには、適切なタイミングで工事を行うことが必須であり、そのためには資金が必要となる。

適切な資金計画のあり方については第4章に詳述するが、管理組合会計を左右する大きな要素のひとつとして、修繕積立金の初期設定が挙げられる。販売時には購入者の毎月の負担（ローン返済費＋管理費＋修繕積立金など）を少なく見せるために、分譲当初は修繕積立金の初期設定を安価に抑え、その後スライド式で徐々に値上げしていく、というパターンが多い。分譲当初の想定どおりに修繕積立金の値上げについて合意形成が図れればまだよいが、そうでない場合、修繕積立金会計が破綻し、適切な維持管理が行われなくなってしまうリスクがある。

図3は、建築時期ごとの戸当たりの月額の修繕積立金額である。一九七〇年以降に分譲されたもの（最大で築四五年程度）は現在はおおむね月額一一、〇〇〇円前後となっている。築年数による大きな違いがないことから、修繕積立金の設定にあたって合意形成できる値段の上限目安が一一、

〇〇〇円程度であるとも考えられる。

図4を専有部分の面積(㎡)あたりに換算したものが**図4**である。一九六九年以前は一㎡当たり二七七円となっているが、一九七〇年～一九九九年に分譲されたものは同一六六～一九六円でとどまっている。また二〇〇〇年以降に分譲されたものは同一五〇円未満であり、値上げが行われる前段階だと推察される。

国土交通省「マンションの修繕積立金に関するガイドライン」によれば、修繕積立金の目安は一㎡当たりおおむね二〇〇円となっている。すなわち、大多数のマンションでは国のガイドラインを下回っている。一回目(築一二年ごろ)および二回目(築二四年ごろ)の大規模修繕は乗り越えられるかもしれないが、三回目(築三六年ごろ)以降の大規模修繕を行うためには、一時金や金融機関からの借り入れなどが必要になる可能性が高い。一時金や借入のための合意形成はさらに難航すると考えられることから、合意形成にいたらず、資金繰りの目処が立たず、大規模修繕を行うことができず、ハードの劣化が進む、という悲観的なシナリオが現実味を増す。

特に戸数規模の小さいマンションでは、日常管理や大規模修繕を行ううえでのコストについてスケールメリットが働かず、一戸当たりの負担は大きくなるという点から、合意形成が難航するおそれがある。国のガイドラインでは大規模修繕工事を一二年周期で行うことが望ましいとされているが、大規模修繕工事を行うための修繕積立金が十分に積み立てられていないために、適切なタイミングで維持・管理が行われないマンションもある。

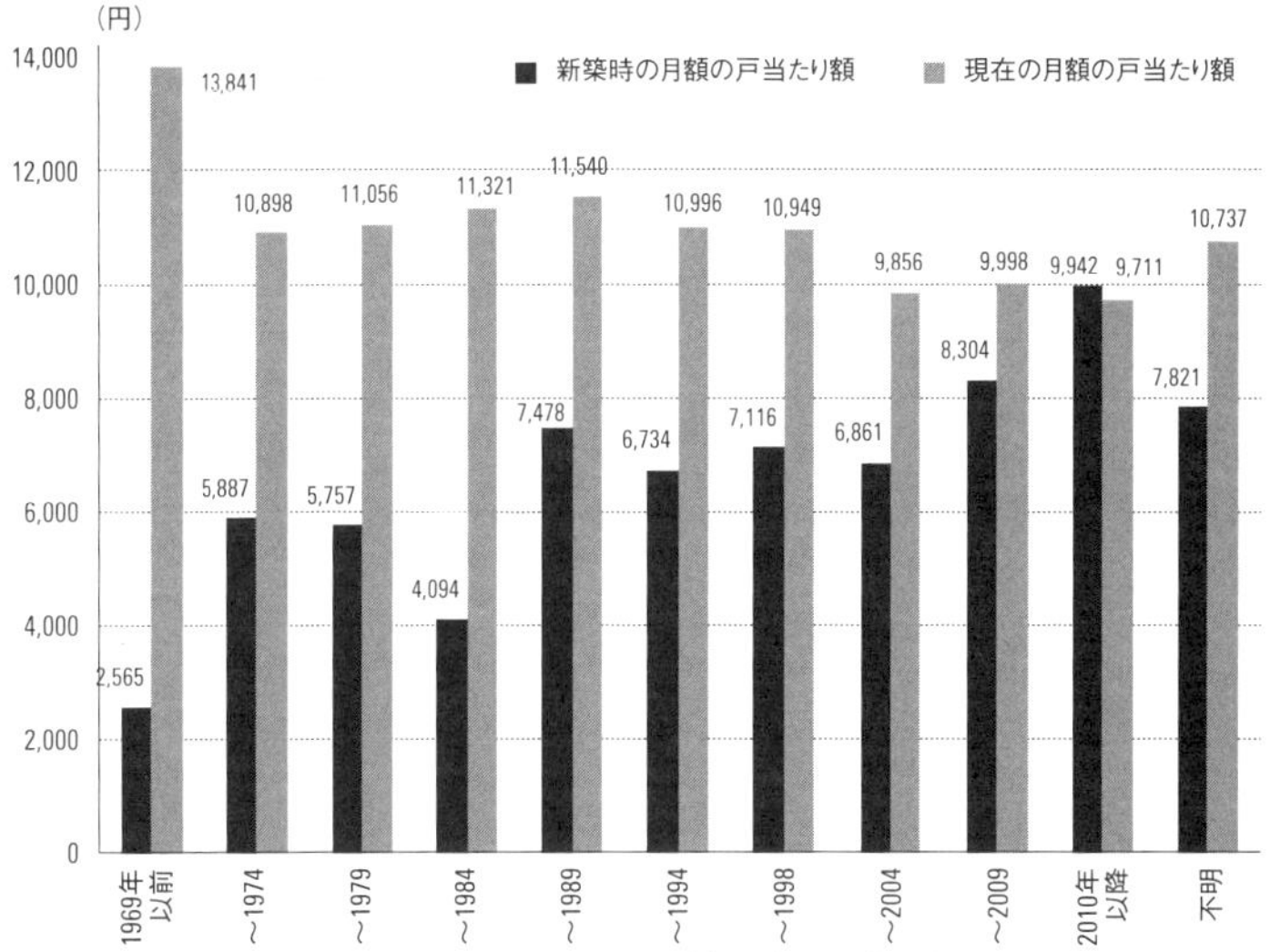

図3　建築時期ごとの戸当たりの・月額の修繕積立金額（使用料・専用使用料からの充当額を除く。新築時および現在）
（国土交通省「2013年度マンション総合調査」、新築時の値は推計）

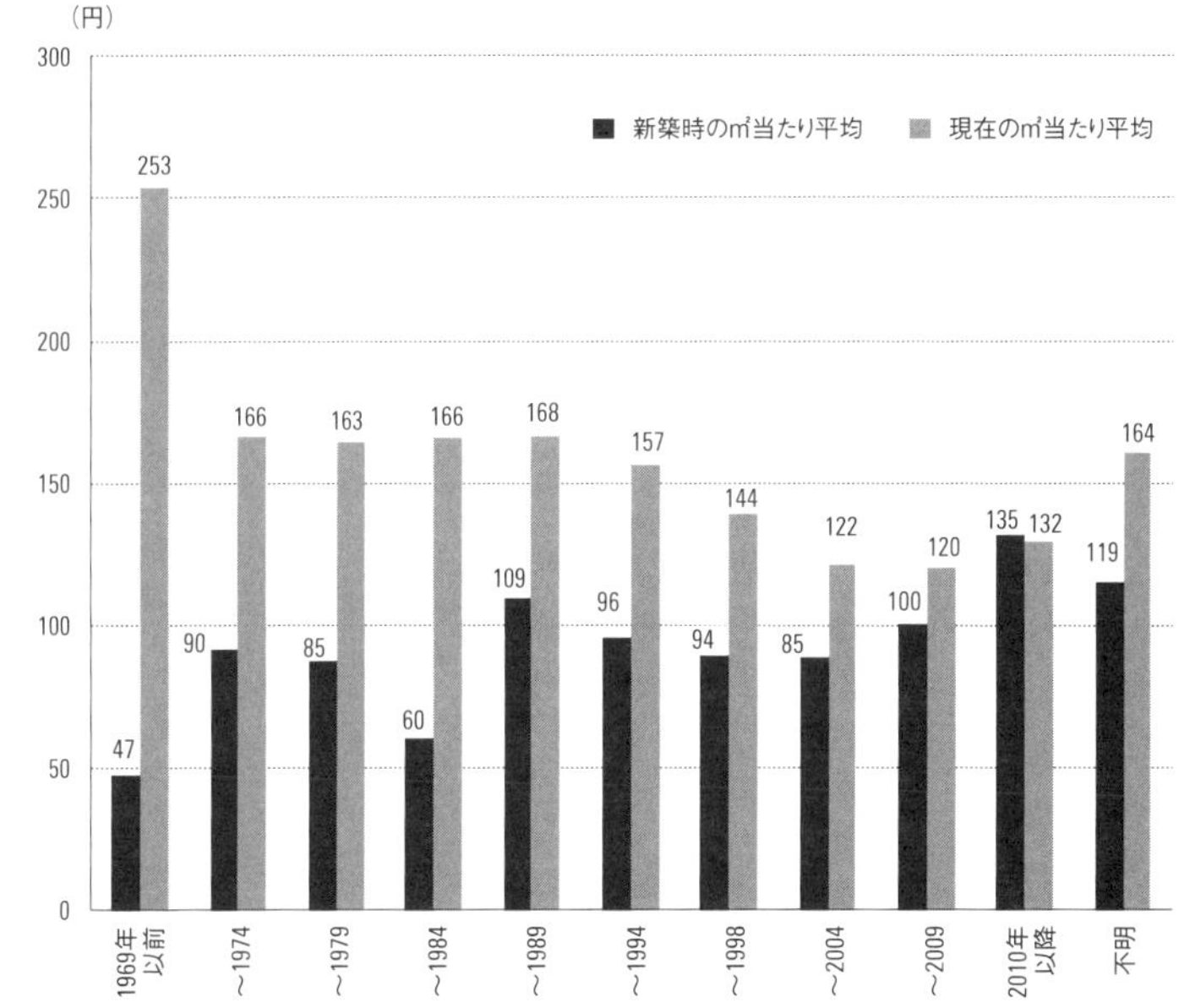

図4　建築時期ごとの㎡当たり・月額の修繕積立金額（使用料・専用使用料からの充当額を除く。新築時および現在）
（国土交通省「2013年度マンション総合調査」、新築時の値は推計）

3　ルール──区分所有者の総意を決めるための制度・環境不足

新築のマンションが分譲され、後に適正な管理組合活動が行われるか否かを左右する条件の一つに、マンションの管理組合活動のルール設定が挙げられる。特に、分譲当初に設定されている原始規約はその管理組合における運営ルールの初期設定となり、非常に重要なものである。原始規約はおもに分譲会社やそのグループ会社である管理会社によって提示されるケースが多い。もし仮に購入希望者が望むものと原始規約が異なる内容であったとしても、購入希望者には「購入しない」という選択以外の拒否権は実質的にはない。

標準管理規約や修繕積立金に関するガイドラインが国から示されたことにより、分譲時の初期設定については大きな改善が見られる。特に日常管理に関わるルールについては、新しいマンションを中心に整備が進んでおり、ハードの劣化防止に役立っている。しかし合意形成、すなわち区分所有者間の権利調整のためのルールについては整備・浸透が不十分であり、「終活」が難航する原因となりえる。築年数の浅いマンションのなかにも、いわゆる「生まれながらにして不幸なマンション」はいまだに存在するものと考えられる。

初期設定が適切ではないと考えられる例として、以下のようなものが挙げられる。

・共用部分と専有部分があいまいなど、権利関係が不明瞭である。
・修繕積立金が過度に安価に設定されているために、適切な時期・内容の大規模修繕を行うことができない。

・おもに超高層マンションなどの大規模マンションを中心として、分譲部と賃貸部が混在するマンションが存在する。賃貸部の区分所有者（ファンドなど）はマンション全体の議決権を数多く有するため、分譲部の区分所有者の意見が管理組合運営に反映されにくい。

4　モノ――ヒト・カネ・ルールが不十分だと激しい劣化を招く

マンションの将来を決められない「膠着状態」

マンションが一生を全うするためには、再生（劣化や時代遅れとなった躯体・設備を最新のものにリニューアルする）、建て替え（一度更地にして新たに建物を立てる）、区分所有関係の解消（建物を更地にして土地として売却する）、という「出口」のなかから、自分たちのマンションに最適なものを選ぶことが必要である。

しかし新築時から長い年月を経て、区分所有者の属性が多様化する、高齢化にともなって気力・体力・経済力の余裕がなくなる、相続などを機に区分所有者の特定が困難になる、といった問題が進むと、区分所有者間の合意形成を図るのが非常に難しくなり、先に挙げたいずれの「出口」についても選ぶ＝管理組合として合意することができなくなる。「出口」を選ぶことができないままにさらに時間が経過し、建物の劣化が進み、新たな入居者を探すのがさらに難しくなり、合意形成がますます困難になる、という悪循環に陥ることが危惧される。

建物の激しい劣化

ヒト・カネ・ルールが不十分なために建物の維持管理が適切に行われず、また「出口」を選ぶこともできないままにさらに時間が経過すると、建物の劣化が進む。

給排水管をはじめとする設備や躯体そのものの劣化により、その建物に安全・安心に住み続けるのは困難となる、というのは決して机上の空論ではない。

また、共用部分に個人の私物・ゴミがあふれたまま放置され、いわゆる「ゴミ屋敷」のようになったり、エレベーターの点検が行われず利用できなくなったりするなどして、資産価値が下がったマンションは数多く存在する。

このように激しく劣化した、あるいは「ゴミ屋敷」のようになってしまったマンションは、そのマンション自身だけでなく近隣の建物や居住者にも悪影響を及ぼす可能性も危惧される。すなわち、地域全体の資産価値が下がる、治安が悪化する、といったマイナス面が生じる可能性もある。

写真1　激しい劣化が起こったマンション

3 マンションが一生を全うするうえでのリスク

マンションが「新築・引き渡し段階」から「居住段階」を経て、「終活段階」を円滑に迎え、その一生を全うするためには、先に述べたとおり、「ヒト」「カネ」「ルール」が揃い、「モノ」を適切に維持管理していくことが必要である。

しかし新築からの経過年や建設された時期、立地、区分所有者の意識などにより、一生を全うするうえでマンションはさまざまなリスクに直面する［表1］。

次節以降では、それぞれの観点から見たマンションが抱えるリスクについて述べる。

表1　さまざまな過程、条件によってマンションが直面するリスク

過程・条件		想定されるおもなリスク
建築時期	第一世代	・耐震性が不足 ・管理組合運営に関するルールが不十分（管理組合がない、会計制度がないなど）
	第二世代	・徐々に経年劣化や高齢化が進展
	第三世代	・新しいタイプのマンション（超高層など）が登場し、従来の修繕技術や管理ルールを適用可能かが不透明 ・コミュニティ活動が低調
立地	都市	・土地利用の高度化が早かったため、高経年マンションも多い ・1,000戸に迫る大規模なものから、数戸の小規模なものまで、さまざまなマンションが混在
	地方	・居住者に「マンションに住む」という経験が不足 ・管理組合の支援体制（管理会社、マンション管理士など）が不十分
区分所有者の意識	低い	・マンションに住むにあたってのルールを知らないがゆえの居住者間トラブル ・管理組合活動への無関心による役員のなり手不足

4 建築時期別に見た、マンションが抱えるリスク

リスクを捉える観点の一つめとして、そのマンションが建築された時期に着目する。ハード面での耐震基準、ソフト面での区分所有法といった法令などの整備が、分譲マンションの管理適正化に大きな影響を与えているからである。

法令などの整備状況に着目すると［図5および表2］、わが国のマンションは「第一世代（一九八〇年以前に分譲されたもの）」「第二世代（一九八一年〜二〇〇〇年に分譲されたもの）」「第三世代（二〇〇一年以降に分譲されたもの）」という三つに時代区分することができる［表3］。

現在、「終活」が喫緊の課題となっているのは、第一世代の約九四万戸である。

1 第一世代（一九八〇年以前に分譲されたもの）が抱える・直面しているリスク

ハード面でのリスク――耐震性不足や時代遅れの居住機能

一九八〇年以前に分譲された第一世代（約九四万戸）は築三五年以上を経過しており、第三回以降の大規模修繕工事を行う時期を迎えている。第一世代の最大の特徴は、新耐震基準が制定される以前のものであり、耐震性が確保されていない可能性がある、いわゆる「旧耐震マンション」に該当するということである。マンション総合調査に基づく推計によれば、最大八八万戸のマンションにおいて、耐震性が不足している可能性がある。

耐震性が著しく劣っているうえに、床スラブ厚や住戸間の壁厚が薄く、給排水管がコンクリートの中に埋め込まれているため改修が難しいものもある。また、高齢の区分所有者が多いため、再生への話し合いが進みにくいマンションも多い。首都直下地震や南海トラフ巨大地震の発生が懸念されるなかで、耐震改修や建て替えによる再生などが特に必要とされるマンションである。

一九七一年に建築基準法施行令が改正されたことにより、それ以前に建築・分譲された「第一世代前期」に比べれば、一九七二～八〇年に建築・分譲された「第一世代後期」は耐震性がいくらか強化されたが、一九八一年以降の「新耐震」(第二・第三世代)に比べ耐震性が劣っていることは否めない。

第一世代は耐震性不足に加え、エレベーターやバリアフリーに代表されるような、今日においては一般的となっている機能・設備をもたず、「時代遅れ」となっているものも多い。容積率に余裕をもつようなマンションがある一方で、「既存不適格」[*1]となっているものも存在する。

ソフト面でのリスク――管理組合の未発達

くわえて、第一世代のマンションはマンション管理に関するさまざまな法令などが整備されていない時代に建設された。一九六二年に区分所有法は制定されていたが、すべてのマンション

*1――建築時は適法であったが、法令の改正や都市計画の変更等によって、新たな規定に適合していない部分が生じたこと。

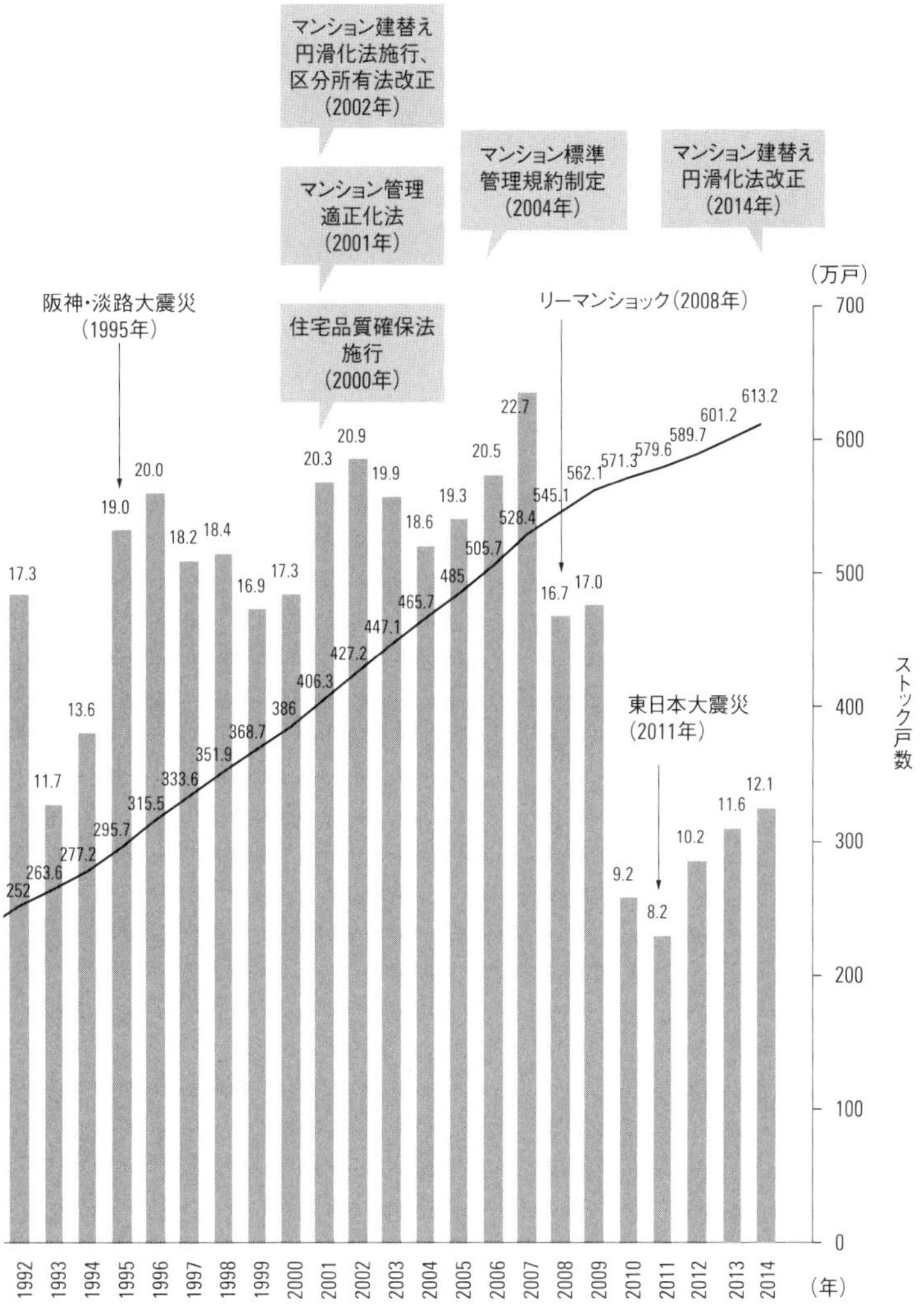

注1　新規供給戸数は、建築着工統計等を基に推計した。
注2　ストック戸数は、新規供給戸数の累積等を基に、各年末時点の戸数を推計した。
注3　ここでいうマンションとは、中高層(3階建て以上)・分譲・共同建で、鉄筋コンクリート、鉄骨鉄筋コンクリート又は鉄骨造の住宅をいう。
注4　マンションの居住人口は、平成22年国勢調査による1世帯当たり平均人員2.46を基に算出すると約1,510万人となる。

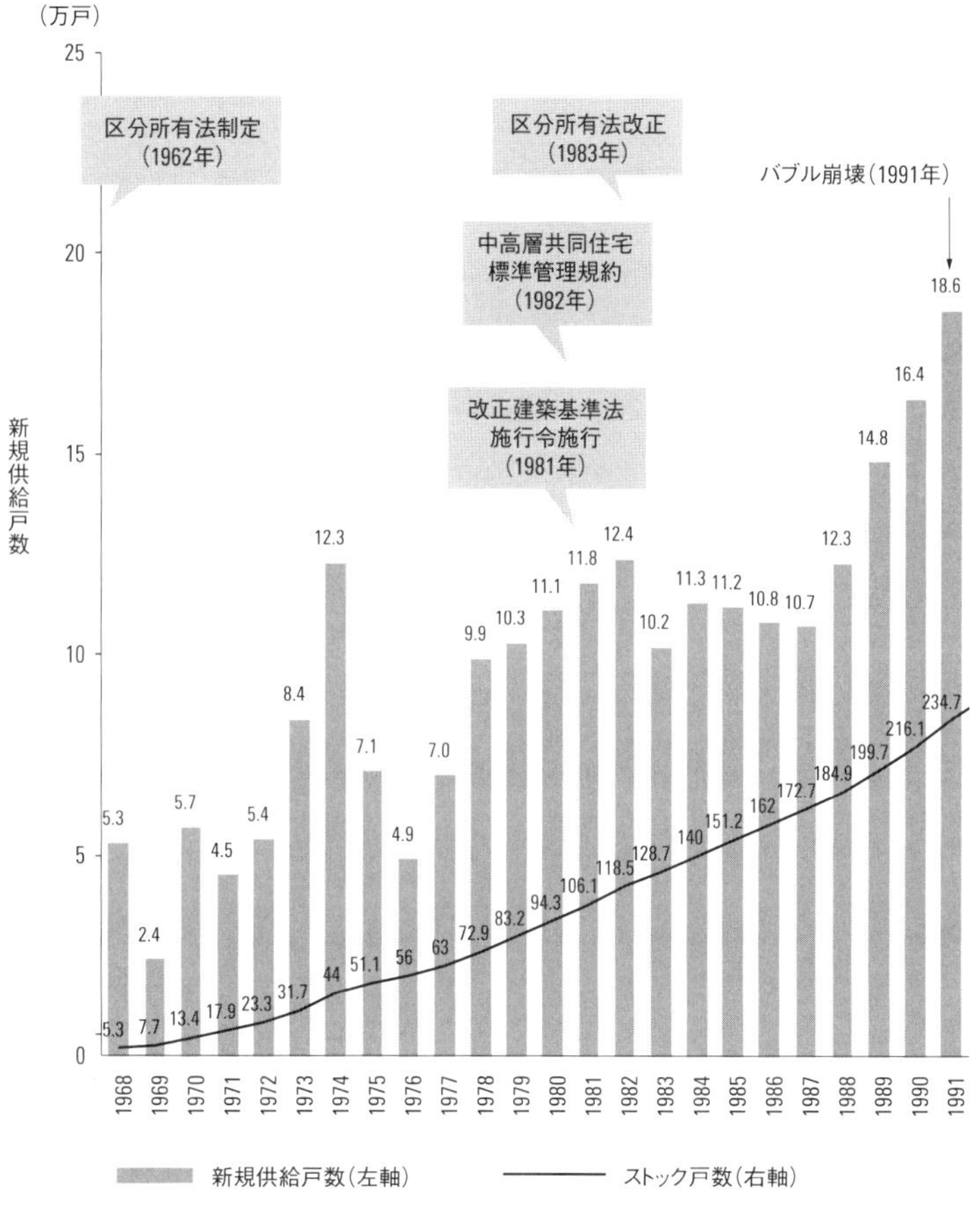

図5 分譲マンションの供給戸数の推移（国土交通省資料より作成）

表2 マンションに関係する法制度などの変遷

1920	市街地建築物法施行
1950	市街地建築物法廃止、建築基準法施行…「旧旧耐震」基準
1962	区分所有法制定
1971	改正建築基準法施行令施行…RC造の帯筋基準強化、「旧耐震」基準
1981	**改正建築基準法施行令施行…一次設計、二次設計の概念導入、「新耐震」基準**
1982	中高層共同住宅標準管理規約／中高層共同住宅標準管理委託契約書作成
1983	区分所有法改正…管理組合による管理、多数決原理による組合運営
1995	被災マンション法施行…被災した建物 耐震改修促進法
2000	住宅品質確保法施行…瑕疵担保期間の10年義務化、住宅性能表示制度
2001	**マンション管理適正化法…マンション管理士、管理業者登録制度の整備**
2002	マンション建替え円滑化法施行 区分所有法改正…建て替え決議の要件緩和
2003	個人情報保護法制定（全面施行は2005年）
2004	マンション標準管理規約制定 …管理規約の標準モデル／マンション標準管理委託契約作成書
2005	マンション標準管理指針策定…管理規約の標準的対応
2006	長期修繕計画標準様式・作成ガイドライン策定 ハートビル法改正（バリアフリー新法）施行
2013	被災マンション法改正…一括売却制度の整備 耐震改修促進法改正 …耐震改修決議の要件緩和
2014	マンション建替え円滑化法改正…一括売却制度の整備

表3 マンションの世代別分類

	第1世代	第2世代	第3世代
分譲時期	1980年以前の分譲	1981～2000年の分譲	2001年以降の分譲
築年数	築35年以上	築34年～築15年	～築14年
ストック数	94万戸 前期(～1971)18万戸 後期(1972～80)76万戸	293万戸	227万戸 (2014年末時点)
耐震基準	旧旧耐震(前期) 旧耐震(後期)	新耐震	新耐震
制度 インフラ	区分所有法	改正区分所有法 標準管理規約	マンション管理適正化法／ マンション建替え円滑化法～以降

築年数は2015年を基準にした

に管理組合が成立する仕組みにはなっていなかった。管理会社の団体である高層住宅管理業協会(現マンション管理業協会)も設立されておらず、管理規約もデベロッパーや管理会社によって、まちまちに作成されていた。竣工当初から長期修繕計画を作成し、計画的な修繕工事を行ってきたマンションはまだ少なかった。その結果、権利関係が複雑になっている、会計制度が整備されていない(管理費・修繕積立金の徴収ルールがない)、そもそも管理組合が実質的に設立されていない(管理規約がない、理事会・総会が開催される仕組みがない)、といった、「生まれながらにして不幸なマンション」が多いのも、第一世代の特徴である。

建物にくわえ、区分所有者も高齢化——二つの老いに直面

「第一世代」の区分所有者・居住者は、高齢化している可能性が高く、そのために賃貸化、空き家化も進んでいる可能性が高い。そのため、管理の担い手不足に陥りがちである。また、修繕積立金が不足しているものも多い。

建物の老朽化と区分所有者や居住者の高齢化が進むという「二つの老い」に直面しているなかで、耐震性が不足し、地震発生時に倒壊のおそれなどの不安を抱えたままの状態で生活を続けることのリスクは大きい。

個々のマンションによって建物・設備の維持管理状態や管理組合の活動状況に違いはあるが、立地条件によっては市場による流通が困難で、老朽化が著しくなれば周辺地域の安全性に悪影響を与えることも考えられる。

2　第二世代（一九八一～二〇〇〇年に分譲されたもの）が抱えるリスク

品質は向上

第二世代のマンションは築一五～三四年であり、約二九三万戸が該当する。第二世代は一九八一年六月に大改正された建築基準法施行令による耐震基準により建設・分譲されたいわゆる「新耐震マンション」である。

この時代は新耐震基準の施行というハードだけでなく、ソフトの面も充実した。一九八二年に建設省（現国土交通省）が「中高層共同住宅標準管理規約」と「中高層共同住宅標準管理委託契約書」を作成。一九八三年にはマンション管理の基本法ともいうべき区分所有法が大幅に改正され、「区分所有者は、全員で建物並びにその敷地及び付属施設の管理を行うための団体を構成し、この法律の定めるところにより、集会を開き、規約を定め、及び管理者を置くことができる」との規定が新設された。マンションの購入者が住戸の引き渡しを受けると同時に区分所有関係が成立することで、必然的に管理組合が存在することになり、区分所有者全員が管理組合の一員となる現在のマンションの管理システムが確立された。また、従来は全員合意が必要だった建て替えは五分の四以上の賛成で決めることができるようになった。

第二世代のマンションのなかには、バブル経済による不動産価格の高騰と、バブル崩壊による価格急落に翻弄されたものも少なからずあるが、マンションの品質は着実に上昇した。庭付き一戸建て住宅を取得するまでの仮住まいではなく、永住の場としてマンションを購入する人も増えるようになった。管理システムが確立されているだけに、長期修繕計画にもとづく大規模修繕

耐震基準の変遷

マンションに限らず日本の住宅や建物の規制は、大きな地震を経るごとにその耐震基準を変遷させている。

日本で最初の建築法規である「市街地建築物法」は1920年に施行されている。だが、このときはまだ耐震基準は定められていなかった。1923年に発生した関東大震災で鉄筋コンクリート造の建物も大きな被害を受けたことにより「市街地建築物法施行規則」が改正され耐震基準が導入された。第二次世界大戦後の1950年に市街地建築物法を廃止、「建築基準法」が制定され、地震力に対する必要壁量などが定められた。

1968年の十勝沖地震で鉄筋コンクリート造の建物にせん断破壊が生じたことを受けて、1971年に建築基準法施行令が改正され、鉄筋コンクリート造の柱の帯筋基準が強化された。

さらに1978年の宮城県沖地震を受け、1981年に建築基準法施行令が大改正され、現行となる耐震基準(新耐震基準)が設けられている。

本書では、1971年の改正前に建設されたマンションを旧旧耐震基準(第一世代・前期)とし、1971年改正から1981年改正までの間に建設されたマンションを旧耐震基準(第一世代・後期)としている。

1995年に発生した兵庫県南部地震(阪神・淡路大震災)では、多くの鉄筋コンクリート造の建築物が倒壊などの被害を受けたが、第一世代・前期(旧旧耐震)、第一世代・後期(旧耐震)、第二世代(新耐震)の違いが顕著に現れた。

年月	できごと	備考
1920年12月1日	市街地建築物法施行	わが国最初の建築法規
1923年9月1日	関東大震災	
1924年	市街地建築物法施行規則改正	
1950年11月23日	市街地建築物法廃止、建築基準法施行	(旧旧耐震)
1968年5月16日	十勝沖地震	
1971年6月17日	改正建築基準法施行令施行	RC造の帯筋基準強化(旧耐震)
1978年6月12日	宮城県沖地震	
1981年6月1日	改正建築基準法施行令施行	一次設計、二次設計の概念導入(新耐震)

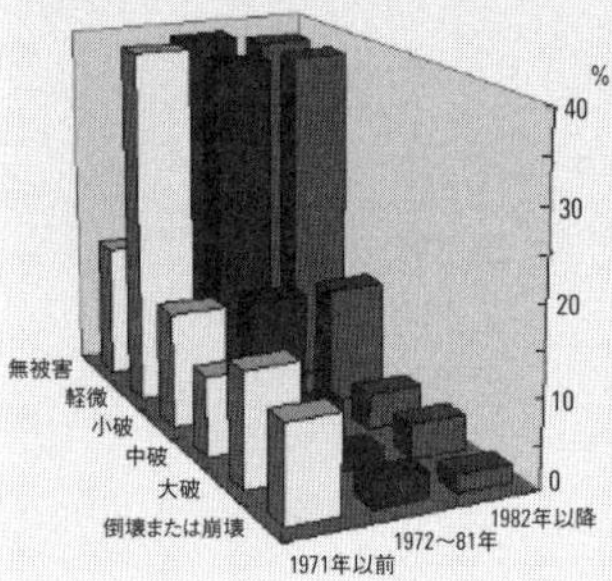

図6　建築年代と被害建物の関係
図は兵庫県南部地震で大きな被害を受けた神戸市中央区内のある地域の鉄筋コンクリート造建物を建築年度別に分類した調査結果を示す。1971年以前、1972〜1981年、1982年以降と年代を追うごとに被災棟数が急減。特に、その傾向は倒壊または崩壊、あるいは大破と判定された建物に顕著に現れており、耐震設計基・規準の改正によって建物の耐震性能は飛躍的に向上していることがわかる。(建設省(現国土交通省)平成7年阪神・淡路大震災建築震災委員会中間報告書より)

も実施されているものが多い。

それでも築三〇年を過ぎるころから建物と設備の経年劣化や、ライフステージなどとのギャップも表れてくる。第一世代のマンションのように耐震性の不足という問題はないが、マンションの将来を考え始める時期にさしかかっている。後述する「将来ビジョン」を検討するには最もよいタイミングを迎えている。

3 第三世代（二〇〇一年以降に分譲されたもの）が抱えるリスク

管理適正化に向けた制度がさらに充実

二〇〇一年以降に分譲された第三世代は築一四年未満であり、二〇一四年末時点で約二二七万戸となっている。

二一世紀を迎えるとマンション管理についての法制度がさらに整備された。二〇〇一年に「マンション管理の適正化法」が制定され、国家資格者としてのマンション管理士と管理業務主任者が誕生し、管理会社の登録制度もスタートした。

大規模・超高層マンションが相次いで建設されるようになり、セキュリティシステムも充実し、ホテルライクな暮らしを標榜して販売されるマンションも多くなった。

建物・設備が充実する半面、超高層マンションについては大規模修繕（足場を組めないなど）や一、〇〇〇戸に迫る巨大組織となる管理組合の運営方法について、従来の技術・ルールがどこまで適用可能かについて検討が必要である。また、二〇〇三年に制定された個人情報保護法の影響もあって、居住者名簿の作成が困難になったことなどで、コミュニティ活動が低調になるといった問題も生じている。

第三世代のマンションは最も築年数が経過したものでも一四年未満であり、まだ一回目の大規模修繕工事を実施していないものも多い。先行する第一世代、第二世代のマンションの経験、教訓を生かして長く住み続けることができるマンションにすることができる。

5 立地別に見た、マンションのリスク

つづいて、立地の違いによるリスクを検討する。都市部と地方部で、マンションの成立過程が異なり、それぞれ想定されるリスクにも違いが考えられる。

―1― 都市部

都市部においては、土地の高度化利用が進んだのが早かったこともあり、地方部に比べて高経年のマンションが多い。一方で現在も人口が増加していることもあり、築年数の浅いマンションも多い。戸数が一、〇〇〇に迫るような、あるいはそれ以上の巨大規模の超高層(タワー)マンションもあれば、戸数がひと桁のような小規模のマンションもある。また高度経済成長期を中心とし

て建設された団地型マンションも多い。このように、都市部にはあらゆる種類のマンションが存在する。

高経年のマンションにおいては、空き家化や高齢化に伴って管理組合活動の担い手が不足し、管理組合としての意志決定が困難になる、あるいは管理・修繕のための資金不足に陥るようなマンションもある。また法令などの改正に伴って既存不適格物件となり、建て替えの合意形成がますます困難となっているマンションもある。

また戸数規模の大きい超高層マンションや団地型マンションは、規模が大きいがゆえに財政面でのスケールメリットが機能しやすいというメリットがある一方で、多人数・多価値観により、合意形成が難しいというリスクを抱える。

2　地方部

駅前のように立地が恵まれているエリアや、バブル期を中心としてリゾートマンションが建てられたエリアを除けば、都市部に比べて地方部はマンションの数は少ない。ただし地方部の過疎化が今後ますます進むため、住宅、医療・福祉サービス、商業施設などに代表される生活サービス機能を駅前などの利便性の高い場所に集約させる「コンパクトシティ」化が進むと考えられる。また高齢者にとっては戸建てよりもバリアフリー化や断熱性能が高いマンションのほうが住みやすいという議論もある。したがって今後は地方部においてもマンションの需要が高まると考えられる。

地方部においてはマンションに住んだ経験をもつ人が都市部に比べて少ないことから、戸建てとは異なる生活ルールの順守が求められることや、管理組合として建物の維持管理を共同で行っていくことが必要であることを、居住者に伝え、理解してもらうことが求められる。

また、マンション行政や管理会社、マンション管理士といった管理組合を支援する機能が都市部に比べて十分に整備されていないことから、マンション居住者や管理組合が相談する先が少ないことも、地方のマンションが抱えるリスクである。

6 区分所有者の意識別に見た、マンションのリスク

マンションを適切に維持管理するためには、マンションの所有者である区分所有者自身がその必要性を意識することが必要不可欠である。したがって、三点目として、管理に対する区分所有者の意識に着目する。

マンションならではのルールに対する理解不足

マンション購入希望者のなかには、「初めてマンションを購入する」「マンションに居住すること自体が初めてである」という人も多いだろう。したがって、マンション所有・居住にあたって求

められる知識・情報を十分にもっていない人も一定数存在すると考えられる（もちろんマンション購入・居住経験者のなかにも、知識・情報が十分ではない人もいよう）。

その結果、分譲マンションにおいては管理組合活動への参加が必須であること、またマンションという共同住宅においては戸建てとは異なるルールがあることなどを、マンション購入希望者（＝区分所有者候補）が正しく理解していないことがある。その結果、管理組合活動に対して非協力的な人が現れたり、騒音やペットなどに代表される近隣トラブルが起きる可能性がある。

管理組合活動に対する無関心

現在、九割を超すマンションが管理会社に管理を委託している。日常管理は管理会社に丸投げし、自分たちの財産であるマンションの維持管理に対してそれほど強い関心をもっていないというケースも多い。その結果として、管理組合活動に対して理解のある一部の区分所有者に負担が偏ってしまったり、あるいはいずれの区分所有者も関心をもたず管理組合に知見・ノウハウが蓄積されなかったりするというケースも多い。また区分所有者による無関心が招く想定される最悪のケースとしては、一部の区分所有者や管理会社が管理費・修繕積立金を横領するという事件も起きている。

7 人口減少社会においてマンションが考えるべき課題

これまで見てきたとおり、わが国において人口減少は進むものの、マンションに対する需要は今後も続くとは考えられるが、管理不全・スラム化というリスクが顕在化する可能性も高い。

人口が減り、さらには高齢化・単身化が進むと、空き家化や賃貸化が進む。すなわち、マンション内に居住する区分所有者の数が減る。くわえて、区分所有者自身のさまざまな問題に対する関心が下がる、高齢化にともない経済的余力が下がる、体力的余力が下がる、といった事態も生じる。さらに、とくに建て替えや取り壊しがない限り、古いマンションは今後も増えていく。前述のとおり建て替えはなかなか進まないので、高経年マンションが急増する。

これらの要因により、区分所有者が従来と同じ形で管理組合活動に対して積極的に参加するというのは困難になる。さらには経済的余力の低下に伴う「カネ」も不足がちになる。「ヒト」がおらず、「カネ」もない、という状況に陥ると、管理組合は区分所有者の共有財産たるマンションそのものを適切に維持・管理するのが困難となり、「モノ」である建物そのものの劣化が急激に進むことが危惧される[図7]。

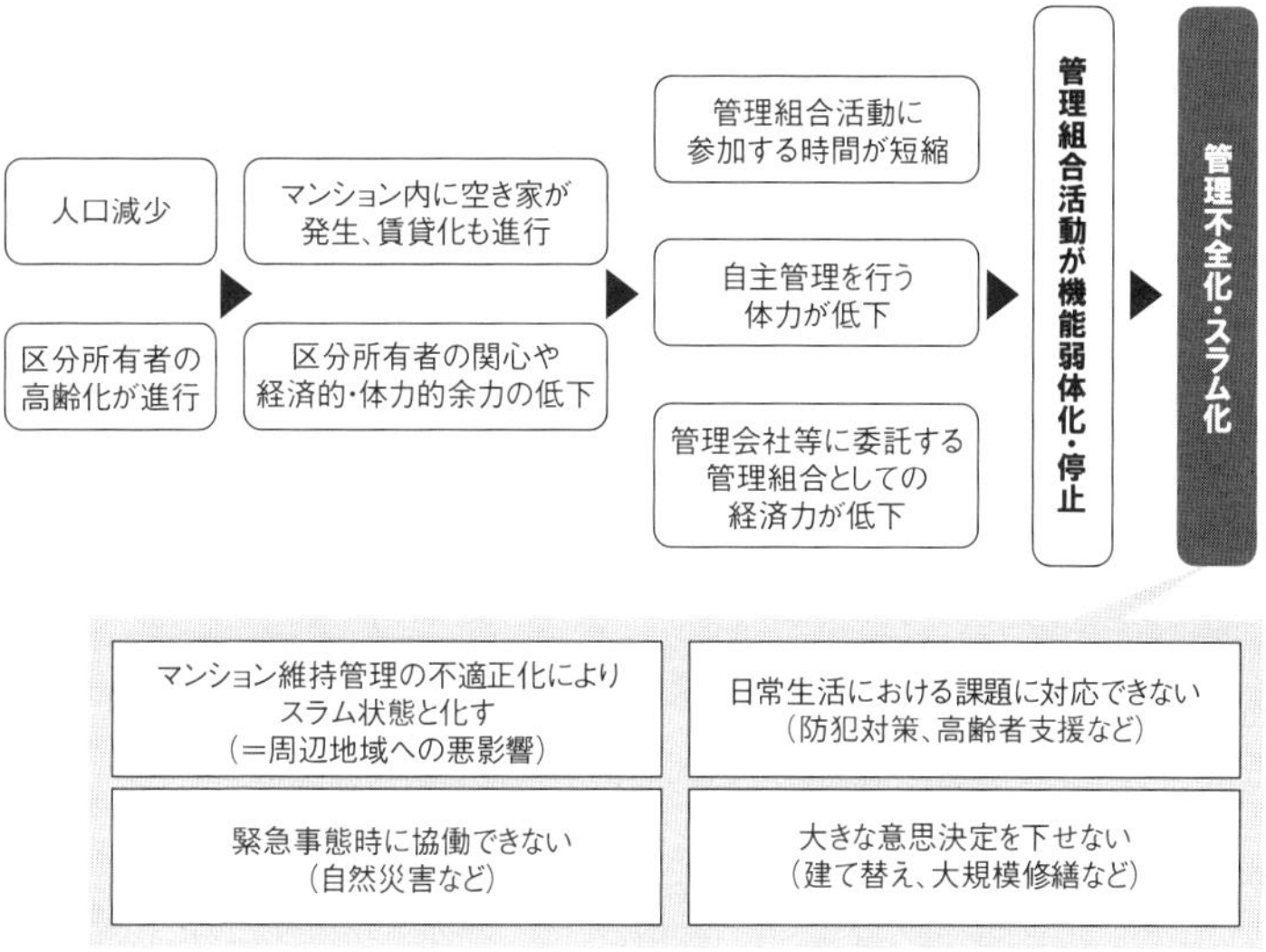

図7　人口減少社会においてマンションが抱えうる課題

区分所有者の意識から見た管理組合の類型

マンションを「現時点でマンション内に問題が生じているか否か」「区分所有者の管理に対する関心が高いか否か」という二軸で整理すると、大多数のマンションは「現時点では問題は生じていないが、区分所有者の管理に対する関心は高くない」という図8の左上のセグメント(II)に位置付けられる。日々の管理には問題を抱えていないものの、「建て替え」「大規模修繕」「修繕積立金の値上げ」といった大きな判断が必要となる局面において、合意形成が円滑に進まない可能性がある。その結果として、「マンション内に問題が生じているにもかかわらず区分所有者の管理に対する関心が低い」という左下のセグメント(III)に移ってしまうことが危惧される。

左下のセグメント(III)に位置するマンションが適切な維持管理を行うためには、管理に対する関心を高め、右下(IV)もしくは右上(I)に移るための努力を区分所有者や管理組合が自ら行うことが必要となる。またそのために、行政や管理会社などの関係主体が区分所有者や管理組合を支援することが重要である。

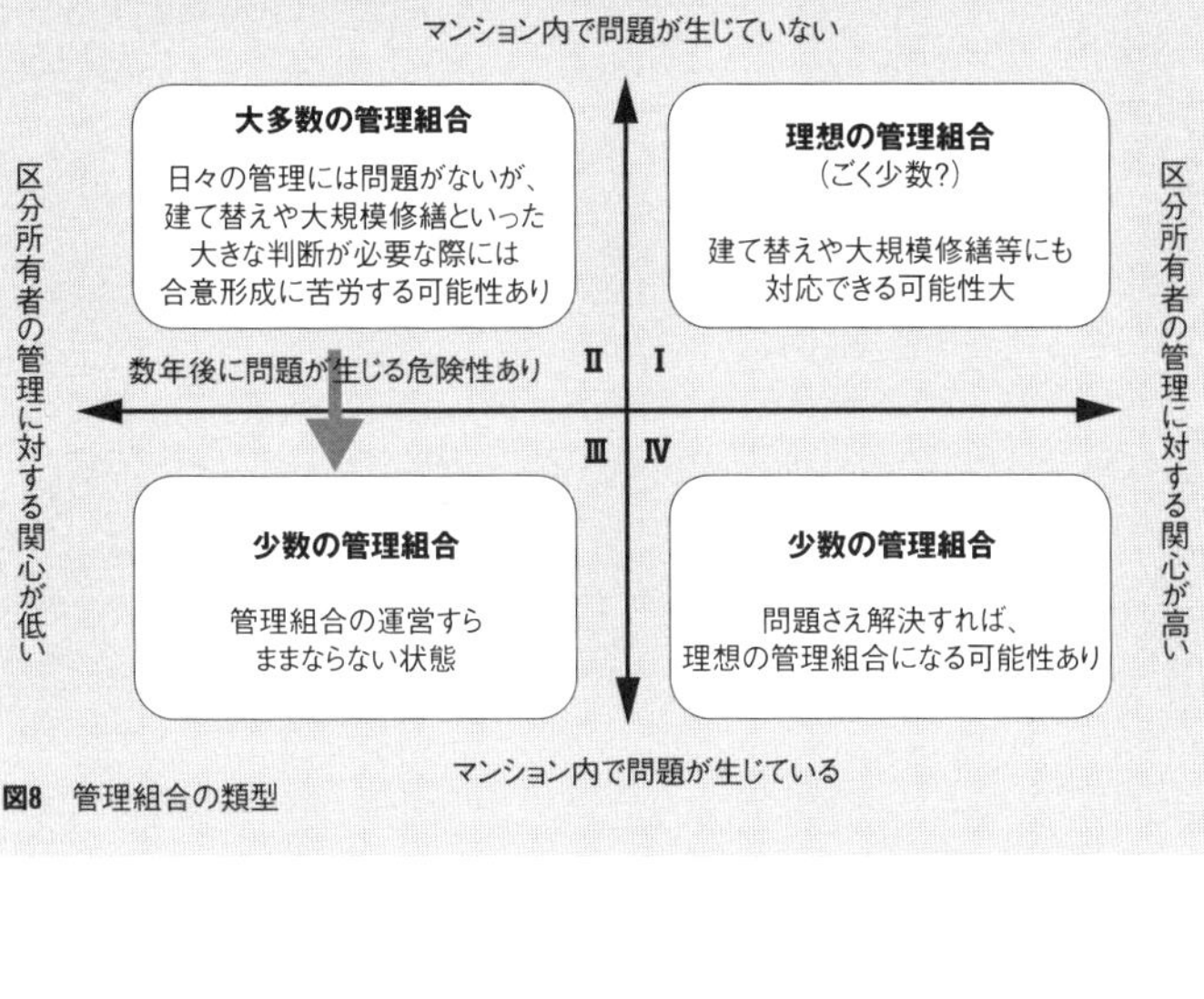

図8　管理組合の類型

様々なリスクへの対応を実現させるコミュニティ活動

――サンシティ（東京都板橋区）

現在も人気が高い築三五年強のマンション

サンシティは、東京都板橋区の団地型マンションである。住宅棟全一四棟と商業棟があり、住宅棟のうち二棟は超高層型（二三階建、二五階建）となっている。一九七七～八〇年にかけて分譲された、本書でいう「第一世代」に当たる。総戸数は約一、九〇〇戸であり、約四、五〇〇人が暮らす。

開発・分譲されてからすでに三五年を超えるが、ハード・ソフト両面から良好な住環境の実現に向けた取り組みを積極的に行っており、現在も人気の高い物件となっている。空き家はほとんどなく、中古物件が市場に出回るとすぐに売買が成立する。現在の中古分譲価格は、新築時よりも値上がりしている。親子や兄弟で別の部屋に住んでいるというケースが二〇〇件以上あり、その中にはUターン者（サンシティで育ち、一度親元を離れて外部に出て行ったが後に戻ってきた人）も多く含まれる。

マンション内外の交流を深めるコミュニティ活動

サンシティはクラブ活動やお祭りなどのコミュニティ活動が非常に活発である。

サンシティ内には、約二〇のクラブ団体があり、積極的に活動している。クラブには、区分所有者でなくても参加できる。最も規模の大きい老人クラブには約一七〇人が所属している。その他にも、囲碁、絵画、フラワーアレンジメント、陶芸、女性コーラス、木工・工芸といった文化系のクラブ、スキー、健康体操、テニス、ジャズダンスといった、運動系のクラブがある。

また、サンシティでは年に二回のお祭り(夏は「こども祭」、秋は「サンシティ祭」)を開催。毎年一〇月最終日曜日に開催される「サンシティ祭」はサンシティ最大のイベントであり、サンシティ内外から多くの人が集まる(参加者数は毎年一万人を超えている)。このようなお祭りはクラブの文化祭をきっかけとして始まった。

お祭りの企画・運営は管理組合文化企画部会が担当しており、くわえて各クラブによる作品発表や屋台出店などにより、多くの居住者が主体的に参加している。屋台などの出店は、サンシティ外の者でも申請すれば可能であり、少年野球やサッカークラブ等、地域の団体による参加も多い。

サンシティ内クラブ活動やお祭りに地域住民が参加することで、マンション周辺住民と交流をもっている。また、プールを地域に開放している(マンション居住者だけでなく近隣住民も利用できる)。

また、七人の管理員が交代で勤務しており、そのほかに夜間には二人の警備員が常駐する。このように治安面にも配慮していることも、マンションの人気を高めている。

コミュニティ活動を支える管理組合・棟委員会活動体制

サンシティでは管理組合の傘下に「棟委員会」が各棟に組織され、総会も棟ごとに開かれている。全員の共有物である土地や附属施設の管理はサンシティ管理組合が行い、各棟の建物の管理は棟委員会で行っている。

理事会役員は、各棟委員会の委員長・副委員長が兼務するという形となっている。理事会役員や棟役員の任期は二年で、毎年半数改選される。各棟役員は一〇人で、毎年新任五人の中から副委員長を選出するとともに二年目には委員長に就任することが慣例となっている。また棟委員長・副委員長の二人が管理組合の理事に就任することになっており、棟委員会および管理組合としての活動の継続性を保っている。

管理組合には植栽環境、施設、施設運営、文化企画、広報、文庫、長期事業計画、生活環境、防火・防災、防犯、財政・会計などの部会がある。組織改編はニーズに合わせて臨機応変に行っている。

長期修繕計画は期間を三〇年と設定したものがある。長期修繕計画は毎年見直しを行っている。また、五〇万円以上の工事費を要した案件について、三〇年分を保管・リスト化している。これらのことにより、ハード面においても適切な維持管理を実現している。

なお、全体の共用部分を除き、基本的には棟ごとに管理が行われており、各棟の修繕積立金、管理費はそれぞれ棟別の会計となっている。管理費、修繕積立金の金額設定は棟委員会で決めるため、棟ごとに異なる。長期修繕計画は棟ごとに検討・作成されており、大規模修繕工事も棟ごとに検討・実施されている。工法が棟ごとにまったく異なるため、修繕の実施も財政も別々に行ってきた。ただし複数棟がまとめて発注するほうがコスト圧縮できる場合もあり、工法の近い棟が合同で大規模修繕を行ったこともある。

サンシティには、居住者のなかに建築や金融、法律といった、さまざまな分野の専門知識をもっている区分所有者が多い。マンションのためにそれぞれがもつ専門知識を活用して、互いに手助けをする雰囲気のコミュニティが形成されていることも、サンシティの強みとなっている。

資産価値の維持・向上を支える好循環

サンシティの活発なコミュニティ活動は有名であり、それに参加することを望んで部屋を購入する人も多い。コミュニティ活動を望んで入居する人が多いことが、コミュニティ活動が持続している一要因となっており、そのことがさらに新たな居住者獲得につながる、という好循環が機能している。

第3章

マンションの終活

1 終活・再生期を迎えた第一世代のマンション

1 問題の先送りでは解決しない

マンションの草創期に建設、供給された第一世代（一九八〇年以前の建設）のマンションは、築年数が経過し「二つの老い」が進むとともにリスクも増える。最大の課題はなんといっても耐震性の不足である。行政の啓発活動やマスコミ報道などによって、当事者である区分所有者の多くは自分たちのマンションが旧旧耐震時代か旧耐震時代に建てられたことを知っている。

しかし、区分所有者や管理組合による耐震改修や建て替えについての取り組みは少ない。国土交通省が実施した二〇一三年「マンション総合調査」の結果によると、一九八四年までに完成したマンションの場合、老朽化問題についての対策を議論した管理組合は六五％あるが、建て替え・改修などの具体的な検討を行ったのは三八・九％である。建て替えを決定したのはゼロ、建て替えの方向で検討継続中も一・九％に過ぎない。

自分たちのマンションが大きな問題を抱えていることは知っているが、この問題に正面から向き合う管理組合は少ないということである。第一世代のマンションは九四万戸（約二万管理組合）あるが、大部分は元気なうちに終活に取り組むどころか、問題解決を先送りしたまま「二つの老い」が進行し、自分たちの手では解決不能な状態になりかねないことを物語っている。

こうした第一世代のマンションであっても、管理実務を管理会社に委託していることもあり、日常管理は適切に行われ、外壁塗装など原状回復型の計画修繕工事も実施されていることが多い。このため外見上はさほど老朽化が進んでおらず、住戸の内装をリノベーションすることで市場価値を保ち、流通しているのが普通である。

人間の老化は本人が自覚し、家族もわかるかたちでやってくるため、否応なしに終活を意識することになるが、マンションの場合は問題を先送りしても、当面は区分所有者や居住者の日常生活に支障が少なく、徐々に資産価値が失われることになる。区分所有者の財産と居住者の暮らしとも守るために、終活と再生に意識的に取り組む必要がある。第一世代のマンションの終活と再生の進め方と具体的な選択肢について考えることにする。

2　終活と再生の選択肢①　建て替え

1　建て替えの現状

第一世代のマンションが終活と再生を考えるうえで有力な選択肢

表1　1984年までに完成したマンションの「終活」検討状況

完成年次	マンション数	老朽化問題について対策の議論を行った	建て替え・改修などの具体的な検討を行った	建て替えの方向で検討継続中
1969年以前	39	31(79.5%)	22(56.4%)	5(12.8%)
～1974年	133	107(80.5%)	63(47.3%)	1(0.8%)
～1979年	147	93(33.2%)	49(17.5%)	4(1.4%)
～1984年	255	142(55.7%)	89(35%)	1(0.4%)
計	574	373(65%)	223(38.9%)	11(1.9%)

(国土交通省「マンション総合調査」2013より作成)

は建て替えである。しかし、これまでに実際に建て替えられたマンションはきわめて少ない。国土交通省の調べによれば、震災による再建や耐震偽装事件(二〇〇五年)による建て替えを除くと実施準備中を含め二二七件である(二〇一四年四月時点)[図1]。これは一年間に一〇棟程度のペースであり、第一世代のストック約九四万戸、約二万管理組合の一%程度が建て替えられたに過ぎない。大地震発生時に倒壊するなどの危険があり、区分所有者や居住者だけでなく周辺地域の安全性も損なうおそれのあるマンションが放置されていることになる。

マンションの建て替えの重要性、必要性が強調されるようになったのは、一九九五年一月一七日に発生した兵庫県南部地震(阪神・淡路大震災)で多くのマンションが重大な被害を受けたことによる。特に問題になったのは、マンションが全壊すると、区分所有の目的物である建物が全部滅失し、区分所有関係がなくなることである。この場合、民法の原則が適用されるため、所有者全員が合意しなければ再建も処分もできないことになる。

こうした事態を避けるため地震発生から二カ月後に「被災マンション法」が制定され、政令で指定された災害によってマンションが滅失した場合は、敷地共有者の集会で五分の四以上の賛成で再建を決議できることになった。

阪神・淡路大震災により建て替えや再建が困難との危機感が広がり、「被災マンション法」が制定されたことにくわえて、設計事務所などがコンサルタントになり建設会社やデベロッパーが協力して再建事業が進められた。その結果、中破程度と判定されたマンションも含め比較的短期間の間に建て替えが進み、震災から五年が経過した一九九九年一一月には、地震で何らかの被害

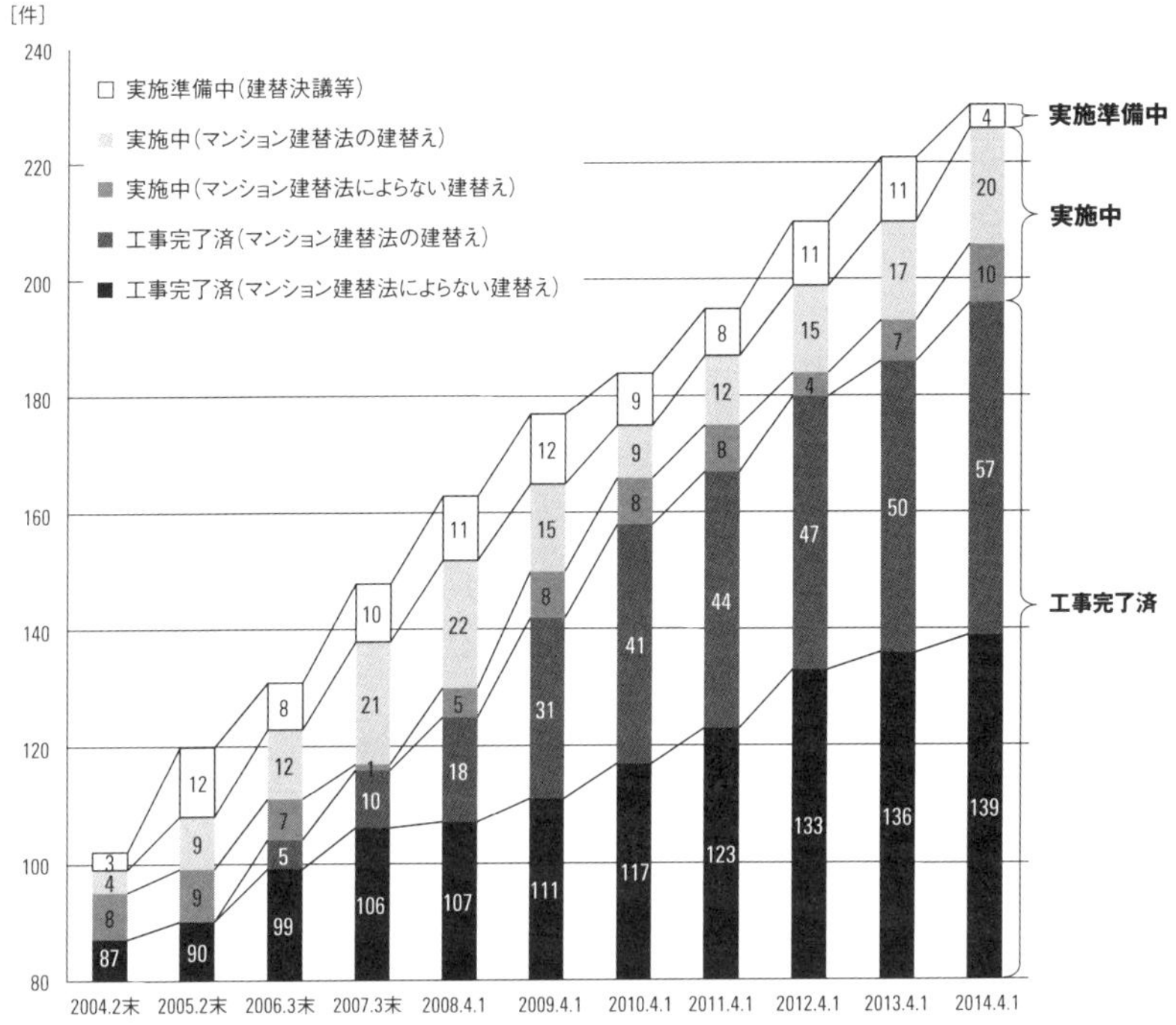

＊ 国土交通省調査による建替え実績及び地方公共団体に対する建替えの相談等の件数を集計
＊ 阪神・淡路大震災による被災マンションの建替え(計109件)は、マンション建替法による建替え(1件)を除き含まない
＊ 過年度の実績は今回の調査により新たに判明した件数も含む

図1 マンション建て替えの実施状況
(国土交通省、2014年4月現在)

を受けた二、五三二棟(大破八三、中破一〇八、小破三五三、軽微一、九八八)のうち一一五棟が再建または建て替えられた*1。

2 区分所有法改正と建替え円滑化法制定

二〇〇二年に区分所有法が改正され、建て替え決議の要件が緩和された。建物の維持・修理に過分の費用を要するときに限り、建て替え決議ができるとした「老朽化要件」を削除するとともに、同じ敷地で同じ使用目的の建物を建てなければならないとする制限も撤廃された。従来は認められなかった隣地を含めた建て替えや新たに店舗を入れた建て替えをすることもできるようになった。つまり、建物が建設されたときからの経過年数や建物の傷み具合は不問とされ、区分所有者が合意すれば建て替えを決議できることになったわけだ。

また、「建替え円滑化法(マンションの建替え等の円滑化に関する法律)」の制定により、管理組合が建て替え決議をした後、知事などの認可で建て替え組合を設立できることや、デベロッパーなどの民間事業者が参加組合員として建て替え組合に参加できることなどが制度化され、建て替え事業を進めるための手続きが明確になった。

こうした法の整備にあわせて建て替えや改修について進め方も具体的に示された。二〇〇三〜〇五年にかけて国土交通省は「マンションの建替えか修繕かを判断するためのマニュアル」や「マンションの建替えに向けた合意形成に関するマニュアル」といった六種類のマニュアルを作成し、税制や都市計画上の措置も含め、高経年マンションの再生を支援する制度インフラの整備が進んだ。

しかし、こうした制度面での前進にもかかわらず、震災による再建や耐震偽装事件による建て替えを除くと建て替えの実績がきわめて少ないのはすでに見たとおりである。

3　なぜ、建て替えが進まないのか

建て替えが進まない大きな理由は、区分所有者の大多数の合意が必要というマンションの仕組みや権利調整について、区分所有者の理解が進まないままマンションが普及したことである。戸建て住宅の場合は、個人や家族が住宅を所有しているため、いつ、どのような建物に、どの程度の費用をかけて建て替えるのかは、法律の枠内であれば、すべて所有者の意思で決めることができる。しかし、区分所有建物であるマンションの場合は、各区分所有者の個別の意思だけでは改修や建て替えをすることができず、区分所有者の五分の四以上（改修の場合は四分の三以上）が合意しなければならない。

建て替えなどを視野に入れた終活と再生を進めるためには、区分所有関係という特殊な権利関係を理解し、意識的に権利調整に取り組む習慣を身につける必要がある。残念ながらこうした権利調整の重要性は、第一世代のマンションに限らず区分所有者全体にまだ理解されていない。

権利調整の重要性を理解しても、さまざまな事情を抱える区分所有者が、同じ時期に一定の費

＊1――東京カンテイ「阪神・淡路大震災から五年　被災マンションの復興状況」（http://www.kantei.ne.jp/news/report_1.php、二〇一五年六月一五日閲覧）

用負担をすることにくわえて、生活に大きな影響を与える建て替えに合意するのは、容易なことではない。高齢の区分所有者は心理的、身体的な不安も含め、現状を変えることへの抵抗が大きい。建て替えに必要な費用負担が困難な区分所有者は、建て替えを検討すること自体にも反対することが多い。

また、建て替えは日常管理や大規模修繕工事などに比べて、はるかに多額な資金が動くことになるため、区分所有者の間で不信感や猜疑心も生まれやすい。マンションの将来への不安を感じたとしても、他の区分所有者から「自分の利益を考えているのではないか？」と疑われることを懸念し、管理組合に建て替えの検討を提案しにくいこともある。

建て替えを検討するためには、専門家の関与が不可欠なことが多いが、そのためにも費用が発生する。建て替えが可能かどうかを検討するためだけに数百万円が必要になることもあり、資金の支出について合意が得られないため、先に進めなくなるマンションも珍しくない。

こうしたことから、マンションの将来について不安を感じ、打開策を積極的に考えたい区分所有者は、建て替えなどの問題提起をすることによる他の区分所有者の反発を恐れ、合意形成への努力をしないまま、住戸を売却することで区分所有関係を離脱することになる。しかも売却された住戸を購入した新たな区分所有者の多くは、住宅ローンを利用するから、追加の負担をともなう建て替えや改修には賛成しない。こうして打開策を見出すことができないまま、事態は悪化することになる。

4　建て替えの成否を決める余剰容積の有無

これまでの建て替えが行われたマンションは、旧住宅公団や地方住宅供給公社が分譲した団地など余剰容積のあるものが多い。余剰容積を活用する建て替えは、従来の建物よりも規模の大きなマンションをつくることができるため、一部の住戸を保留床*2としてデベロッパーに売却することで事業費をまかなうことができる。区分所有者は直接費用を負担しない、あるいは少ない費用負担で建て替え後のマンションを手に入れることができることになる。

この方式は、表面的には資金を負担しないで建て替えができたように見えるが、実際は、区分所有者が従来もっていた土地の権利の一部を売って、その代金を建物工事費などの事業費に充てることになる。しかし、土地の持ち分が減ることは表面化せず、区分所有者が直接建て替え費用を負担することがないか、少ない負担で建て替え後のマンションの住戸を手に入れることができるため、区分所有者の意見が比較的まとまりやすくなる。

保留床の売却代金で事業費をどこまでまかなうことができるかは、余剰容積がどの程度あるかによって決まる。従前のマンションの建物の大きさに比べて敷地が広く余剰容積が多ければ、区分所有者は表面的には資金をまったく負担せずに建て替えをすることができる。

余剰容積がそれほど多くなければ、区分所有者が事業費の一部を負担することになるが、共同建て替えや再開発事業などを行うことで容積率規制が緩和されたり、公開空地を設け容積率の

*2――市街地再開発事業やマンション建て替え事業によって新たに生み出された住戸などで、再開発組合や建て替え組合に帰属する。

割り増しを受けることで保留床が増え、区分所有者の事業費負担が減ることもある。

余剰容積率を利用して建て替え事業を行うためには、建て替え事業によって新たに生み出された住戸を販売することになるから、分譲事業に精通したデベロッパーの協力が欠かせない。建て替え後のマンションが高く販売できることは、事業の採算性を上げることになる。デベロッパーのノウハウを生かして付加価値の高いマンションを建設することは区分所有者にとっても利益になる。

事業上のメリットが大きい建て替え事業の場合は、デベロッパー側も合意形成をスムーズに進めるため建て替え計画案や事業計画の作成はもちろん、初期段階での管理組合の検討、権利調整、権利変換といった建て替え事業にともなうさまざまな実務に積極的に協力することになる。事業を進める過程で必要になる資金を調達するうえでも、デベロッパーの協力が欠かせない。余剰容積を生かして実施するマンション建て替え事業は、区分所有者が敷地を提供し、デベロッパーが資金を提供する共同事業として行われるのが普通である。

これまでの建て替えの成功事例の多くは区分所有者が資金を負担する必要がなく、デベロッパーの協力も得やすい余剰容積のあるマンションである。このためマンションは自己負担なしで建て替えができるという誤った通念が広まり、自力による建て替えについての真剣な議論を阻害する要因にもなっている。

5　余剰容積のないマンションの建て替え

マンションストックの大部分を占めるデベロッパーが分譲した単棟型マンションでは、敷地と指定容積率をフルに使って建設しているため、建ぺい率や容積率の余裕がないのが普通である。

また、第一世代のマンションのなかには、建設後に容積率の引き下げや高さ制限が行われたことで、既存不適格となっているものもある。こうしたマンションは建て替えをしても従前の広さを確保できないことが多い。こうした場合でも共同建て替えや再開発事業をすれば容積率の割り増しなどを受けることができるが、このための合意形成は一棟のマンションの建て替えよりも難しいのが普通である。

ストックの大半をしめる余剰容積がないマンションの建て替えは、原則として区分所有者が費用の全額を負担しなければならない。その費用は引越しや仮住まいの費用を含め少なくとも二、〇〇〇万円程度になるはずである。しかも、この場合は分譲できる住戸（保留床）がないため、デベロッパーの参加も得られないのが普通である。

これにくわえて、前述のようにマンション建て替えは自己負担なしできるという誤った理解が広まったため、建て替えに正面から向き合おうとする区分所有者や管理組合が少ない状態が続いている。

戸建て住宅であれば、当然、自分が資金負担をして老朽化した家を建て替えることになる。こうした常識が通用しにくいことが、マンションの建て替えを難しくし、状況を悪化させている。

6　耐震性不足のマンション建て替えを促進する容積率ボーナス

こうした問題を緩和するため、二〇一四年に施行された「改正マンション建替え円滑化法」により、耐震性不足と認定されたマンションを建て替えるとき、容積率の割り増しが受けられることになった。これまでもマンションを建設する場合、公開空地を設けることで容積率の割り増しを受ける制度はあったが、敷地が広い場合に限られているため建て替え事業ではあまり利用されてこなかった。今回の法改正では、規模の小さい耐震性不足のマンションの建て替えを促進するため、公開空地を設けることにこだわらず、備蓄倉庫や避難所にもなる集会所を設けるといった地域の防災向上に貢献することを条件に、容積率の割り増しが認められることになった。

3　終活と再生の選択肢②　耐震改修とリノベーション

1　耐震診断と耐震改修

第一世代のマンションは地震に対する安全性を調べるために耐震診断を行う必要がある。建物の耐震性能は、建築物の固さと粘り強さや形状、経年などを勘案した指標であるIs値（＝構造耐震指標）によって示され、〇・六以上が満たすべき基準とされている*3。

耐震診断には一次診断と二次診断がある。一次診断は各階の柱と壁の断面積とその階が支えている建物重量から計算する方法で、各階の柱・壁の水平断面積をもとに算出する。設計図書があれば短時間で計算できるが、設計図書が無い場合は建物の実測調査が必要になる。一次診断で建物の耐震性を大まかに把握することはできるが、どのような耐震補強が必要かまでは判断できない。

二次診断は、各階の柱と壁のコンクリートと鉄筋の寸法とその階が支えている建物重量の比較と、コンクリートの圧縮強度・中性化等の試験、建物の劣化状態(ひび割れ・漏水・鉄筋錆・コンクリート爆裂)などの調査も行う。二次診断の結果をもとに耐震補強の方法と補強箇所数を判断し、耐震改修計画(設計)や耐震補強工事を行うことになる。

耐震診断結果や耐震改修計画は、耐震改修促進法に基づく耐震改修計画の認定を申請する場合、既存不適格建築物が地震に対して安全な構造であることを確認する場合、各種の助成措置を受ける場合には、第三者機関の評定が必要とされる。

2 耐震改修の現状

東京都の実態調査によれば、都内の旧耐震基準のマンションは約一万二、〇〇〇棟である。こ

*3――Is値とは構造耐震指標のことで、地震力に対する建物の強度、靱性《じんせい》(変形能力、粘り強さ)を考慮し、建築物の階ごとに算出する。耐震改修促進法の告示により、震度六~七程度の規模の地震に対するIs値の評価については以下のように定められている。

・〇・六以上　倒壊または崩壊する危険性が低い
・〇・三以上〇・六未満　倒壊または崩壊する危険性がある
・〇・三未満　倒壊または崩壊する危険性が高い

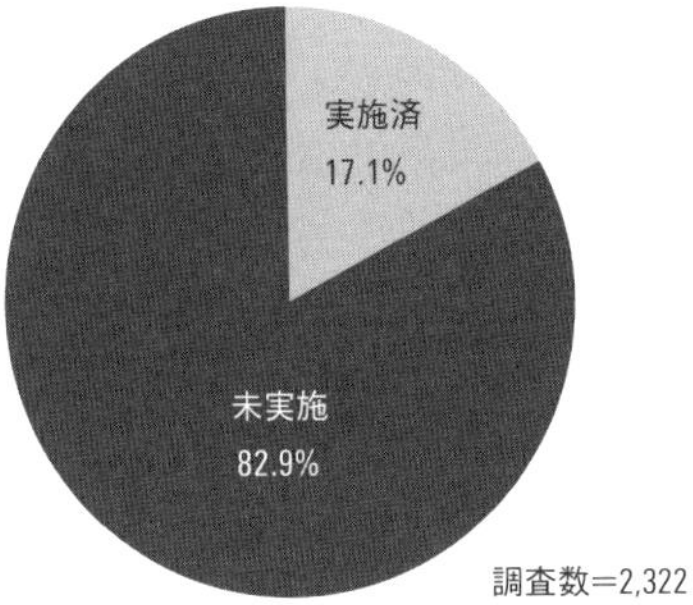

図2　東京都におけるマンションの耐震診断状況
（東京都都市整備局「マンション実態調査結果」2013年）

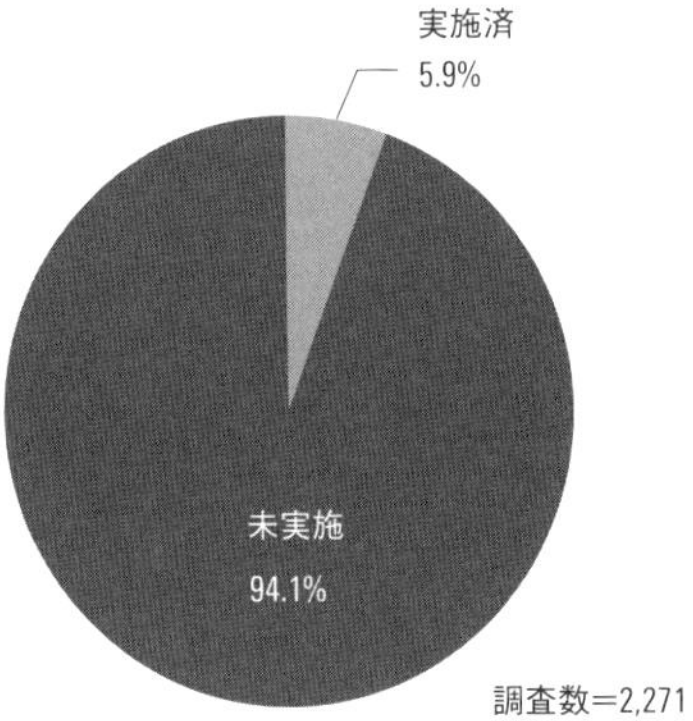

図3　東京都におけるマンションの耐震改修状況
（東京都都市整備局「マンション実態調査結果」2013年）

のうち約二、三〇〇棟が東京都のアンケートに回答しているが、耐震診断実施率は一七・一%、耐震改修実施率は五・九%である［図2および図3］。

「東京都における緊急輸送道路沿建築物の耐震化を促進する条例」により、耐震診断が義務付けられている特定緊急輸送道路沿のマンション約一、二〇〇棟については、診断費用の大半が助成されることもあり、二〇一四年八月現在の耐震診断実施率が約九割に達している。これは大きな成果だが、全体的に見れば大海の一滴にすぎない。

マンションの耐震診断や診断についての全国的なデータはないが、国費補助による共同住宅の耐震改修実績は、二〇一三年度までに累計四万八、四六四戸である。この数字には賃貸マンションなども含まれているから、区分所有されているマンションの実績はこれをかなり下回ると思われる［表2］。

東京都が公的助成を受けて耐震診断を行った旧耐震基準のマンションのIs値を調べたところ、一九七一年以前に建築された、いわゆる旧旧耐震基準のマンションについては、倒壊危険性が高いとされる〇・三を下回るものも多い。首都直下地震が三〇年間に七〇％の確率で発生するといわれるなかで、倒壊の危険性が高いマンションが放置されている状態をいつまでも続けることはできない。

3 耐震診断を回避したい理由

マンションの耐震性能に不安を感じ、耐震診断を行う必要があると思っていても、実際に診断を受けることを躊躇する区分所有者も多い。

これは、不動産業者が一九八一年五月三一日以前に

表2 国費補助による耐震診断、改修の2013年までの実績

		～2006	2007	2008	2009	2010	2011	2012	2013	合計
戸建て（戸）	耐震診断	268,838	38,896	34,060	31,577	27,612	43,337	38,437	30,278	513,035
	耐震改修	7,144	3,531	5,282	5,766	5,603	8,930	10,732	9,059	56,047
共同住宅（戸）	耐震診断	113,599	35,428	74,314	14,613	13,480	18,334	54,086	56,683	380,537
	耐震改修	999	3,695	8,176	3,661	3,760	7,336	11,243	9,594	48,464
多数の者が利用する建築物（危険物貯蔵場等除く）（棟）	耐震診断	3,094	3,410	4,576	4,395	2,564	1,795	1,755	994	22,583
	耐震改修	111	1,135	1,511	2,057	3,130	1,614	2,179	1,526	13,263

建設された旧耐震マンションの売買や賃貸を仲介するときは、指定検査機関による耐震診断の有無を調べ、「有」の場合は診断結果を重要事項説明書に明記するとの宅地建物取引業法上の規定があることによる。つまり耐震診断を実施したことで、耐震性が劣っていることが判明した場合は、それを買い手や借り手に伝えなければならない。現在のところ「耐震診断を受けていない」ことは市場の評価にあまり影響をしないが、「耐震性が劣る」というレッテルを貼られた場合には、売買価格や家賃に大きな影響が出ることを恐れているからである。

耐震診断の実施は管理組合総会の普通決議で決めることができるが、資産価値に直接影響することだけに合意形成が得られないことが多い。癌が発見されることを恐れて健康診断を受けたくない人がいるのと同じである。

安全性認定制度の創設

二〇一三年の耐震改修促進法の改正によって、耐震診断や耐震改修により現在の耐震基準と同等の耐震性をもつと確認された建物について、所管行政庁が、建築物の地震に対する安全性を認定する制度が創設された。認定を受けた建物（基準適合認定建築物）は「基準適合認定建築物」のマークを掲示したり、広告などにその旨を記載することができる［図4］。

図4　基準適合認定建築物が掲示できる「基準適合認定建築物」のマーク

4 耐震改修も資金不足

耐震改修やその前提となる耐震診断について、多くの管理組合で検討さえ行われない最大の要因は、区分所有者が耐震改修に必要な資金を負担する用意ができていないことである。十数年ごとに一回行う外壁補修や屋上防水といった計画修繕(大規模修繕工事)では、一回に一戸当たりおよそ一〇〇万円程度の負担が必要になるが、この工事を実施するために管理組合は長期修繕計画を作成し、区分所有者から毎月一万円程度の修繕積立金を徴収する仕組みもほとんどのマンションで定着している。工事も管理組合や管理会社の通常の業務として順調に行われるようになっている。管理組合での議論も工事の実施自体についてというよりも、工事費の妥当性や工事業者の選定に関係することが多い。

しかし、現在、管理組合が作成している長期修繕計画と、それをもとにした修繕積立金は、経年劣化した外壁、屋上などを当初に近い状態に戻す(原状回復)ためのもので、改修をすることで長寿命化することまでは想定していないことが多い。

特に耐震診断や改修については、その必要性が認識されるようになったのが最近のことでもあり、国土交通省が作成した長期修繕計画のガイドラインにも明示されていない。

耐震改修には一戸当たり五〇〇万円前後が必要になることもあるが、それをまかなうだけの資金的なゆとりがある管理組合は少ない。耐震改修を行うためには区分所有者から一時金を徴収することになる。建て替えに比べて金額は少ないが、区分所有者が足並みをそろえて負担をすることは難しい。

5 耐震改修工事の影響を受ける住戸の承諾

このほか、耐震改修への合意形成が難しい理由として、耐震補強をする箇所がマンションの一部に限られることがある。特定の住戸の窓に補強材が設けられたり、住戸の中に新たに壁や柱ができるなど、使い勝手が悪くなることがある。一部の住戸に影響が出る場合は、その住戸の区分所有者の承諾が必要になるが、この承諾を得ることも容易なことではない。

こうした要因が重なることで、大地震が確実に起きることが明らかならばともかく、首都直下地震や南海トラフ巨大地震が三〇年間に七〇％の確率で発生すると言われても、多額な負担をする耐震改修には賛成できないという区分所有者は多い。

管理組合の役員や管理会社の担当者の多くは、耐震診断、耐震改修について検討をしても意見がまとまる見込みがないため、無駄な議論を回避したいという気持ちになりやすく、耐震診断や耐震改修にはできるだけ触れないようになってしまう。［八六ページ事例参照］

6 耐震改修決議の要件緩和

一向に進まない耐震改修のハードルを引き下げるため、「耐震改修促進法」も改正された。従来、耐震改修工事を行うためには共用部分の変更にあたるため管理組合総会で議決権数と区分所有者数の各四分の三以上の賛成が必要だったが、二〇一三年の同法改正により耐震改修の必要性が認定されたマンションは、共用部分の形状または効用の著しい変更をともなう場合でも、出席者の過半数が賛成すれば可決される普通決議で実施できることになった。

耐震改修工事は費用がかかることにくわえて、前述のように柱や壁を補強する部分にあたる特定の住戸が影響を受けるといったことが合意形成を難しくしているが、この要件緩和により実施が容易になったことは間違いない。

二〇一四年一二月に東京都が「東京の防災プラン」を公表したが、このなかで旧耐震マンションの耐震改修と建て替えを防災上の重要課題として位置付けている。二〇二〇年の東京オリンピック・パラリンピックの開催を控えて、耐震改修促進法の改正と次に紹介する一括売却制度の創設がいわばセットで実施されたことにより、デベロッパーなどの動きも活発になっている。第一世代のマンションの終活と再生にも新たな動きが出る可能性は高い。

4 マンションの敷地・建物一括売却制度

1 「運命共同体」からの解放

二〇一四年一二月に施行された「改正マンション建替え円滑化法」で、旧耐震・高経年マンションの「終活」に大きな影響を与える重要な制度が創設された。耐震性が不足するマンションの敷地と建物を管理組合の特別決議でデベロッパーなどに一括売却できる仕組みである。

これまでもマンションは区分所有者の五分の四が同意すれば建て替えることができたが、建物の解体や敷地を一括売却するためには全員合意が必要だった。今回の法改正によりデベロッパーなどにマンションと敷地を一括売却することが、建て替えと同じような手続きでできることになった。

従来、老朽化したマンションの再生は、建て替えも改修もあくまで区分所有者による事業として行うことが原則だった。たまたま同じマンションを購入した区分所有者は、「運命共同体」的な関係のなかに置かれていたことになる。今回の法改正により耐震性不足の第一世代のマンションの区分所有者は、デベロッパーなどに一括売却することで「運命共同体」的な関係から解放されることになった。

管理組合が一括売却決議をするためには、知事や市長などによる耐震性不足の認定、デベロッパーによる代替住居の斡旋などを含む買い受け計画の作成と知事や市長などの認定といった手順は必要になるが、デベロッパーが建設する建物の容積率割り増しや、購入した敷地にマンション以外の建物をつくることもできるといったインセンティブもある。**図5**に一括売却制度の概要を示す。

①知事や市長などによる耐震性不足マンションの認定
②管理組合による再生や一括売却の検討
③デベロッパーなどによる買い受け計画（買い受け金額、代替住宅の提供、土地の利用など）の作成と知事や市長などによる認定

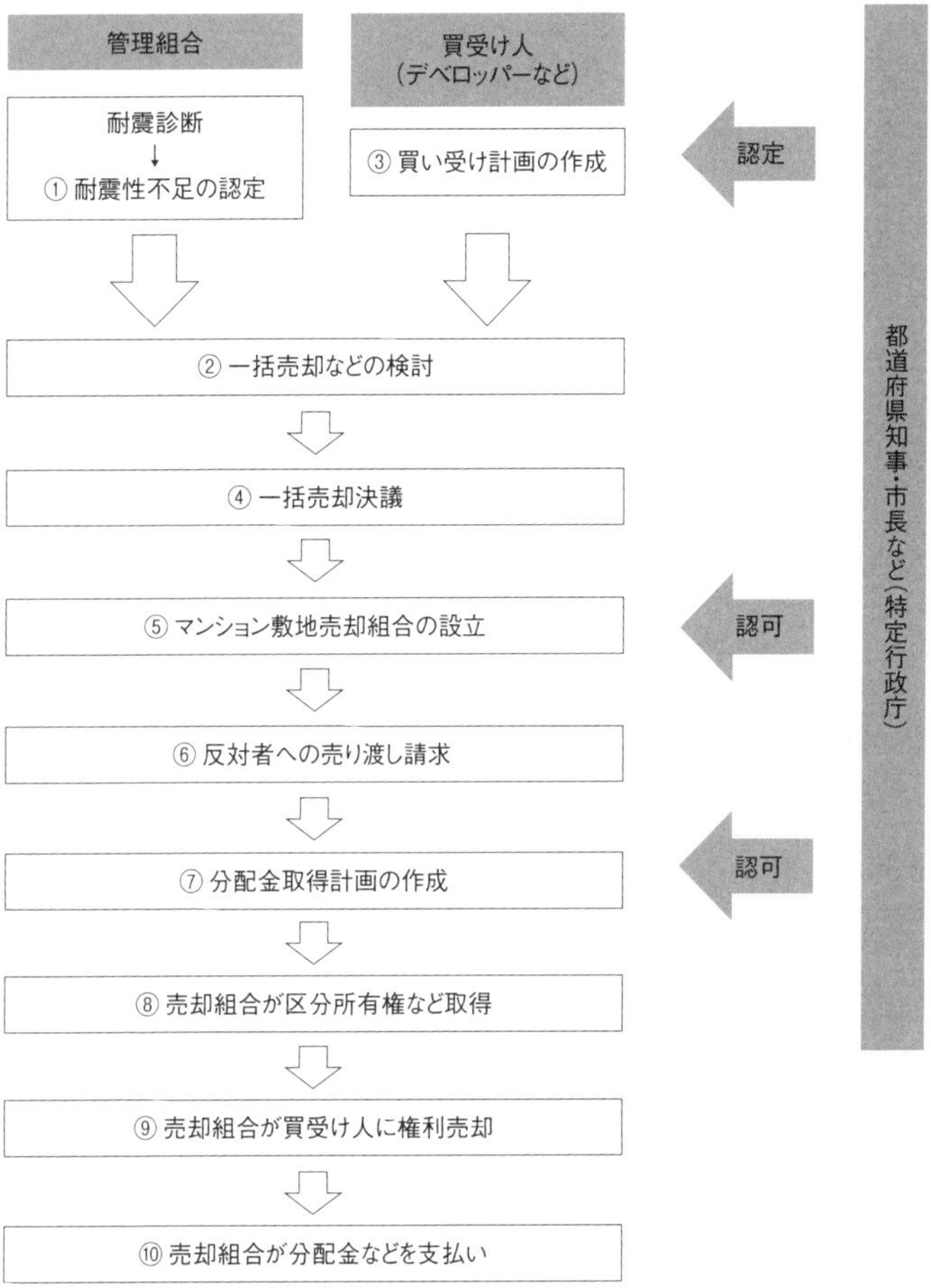

図5　一括売却制度の概要

④管理組合総会で、区分所有者数と議決権数の各五分の四以上の賛成で、マンションの敷地と建物の一括売却を決議
⑤一括売却決議に合意した者などの四分の三以上の同意と知事や市長などの認可を受け、マンション敷地売却組合を設立
⑥決議に反対した区分所有者に対し、売却組合が区分所有権および敷地利用権の売り渡しを請求
⑦知事や市長などによる認可を得て売却組合が分配金取得計画を作成
⑧売却組合がマンションと敷地利用権を取得
⑨売却組合が買受人にマンションと敷地利用権を売却
⑩売却組合が区分所有者への分配金、借家権者に対する補償金を支払い

2 一括売却制度創設による選択肢の拡大

第一世代のマンションの多くは、修繕・改修による長寿命化もできず、建て替えも行うことができないまま、とりあえず傷みがひどいところだけを補修して、問題を先送りしながら生活を続けているのが現状である。

今回、創設された一括売却制度が従来の選択肢である改修や建て替えと違うところは、区分所有者は資金を負担するのではなく、売却収入を持ち分に応じて分配されることである。第一世代のマンションの終活と再生が進まない最大の要因は、建て替えや改修のための資金を区分所有者が、同時期に負担することができないことである。資金を出す(負担する)のと売却代金が手に入

るのでは心理的な影響も大きく違う。

しかも、一括売却はマンションの最大の特徴であるスケールメリットが発揮されることにくわえて、容積率の割り増しも利用できるから、個々の区分所有者が自分の住戸を売却するときに比べて、高い値段で売れる可能性が大きい。また、売却先のデベロッパーなどが作成した買い受け計画を知事が認定する制度が組み込まれていることもあり、区分所有者の間や事業者関係者への不信感が生まれにくい。一括売却制度は、適切に運用すれば、出口が見えない閉塞状態を打開する有力な手段となる可能性がある。

もちろん、一括売却という選択をしたところで、合意形成が簡単に進まないこともある。ローン残高がある区分所有者の場合は、分配金が手元に残らないことや、負債だけが残るといった問題がある。代替の賃貸住宅を斡旋されるとしても生活が激変する売却に応じられないということになるだろう。

それでも一括売却という選択肢が増えることにより、行き止まり状態にある終活と再生策の検討に弾みがつくことは期待できる。建て替えやリノベーション（改修）は区分所有者に「運命共同体」としての選択を強いることになるから、議論が閉塞感に陥りやすい。いざというときは、スケールメリットを享受しながら「区分所有関係を終了させる」道があるということで、区分所有者は一種の安心感をもって終活と再生についての検討ができることになる。

会の未来にもつながっている。

3　区分所有者の負担軽減

マンションの草創期に供給され、永住を想定していなかった第一世代のマンションは、耐震性強化という社会的要請と、建物と区分所有者の二つの老いの進行という追い込まれた状況のなかで終活と再生に取り組まざるをえなくなっている。しかも第一世代のマンションがスラム化を回避することができるかどうかは、マンションという社会システムのあり方、さらには日本社会の未来にもつながっている。

この重い課題を、区分所有者と管理組合の自治による問題解決の努力だけに委ねることが妥当かどうかは、当事者だけの問題ではない。社会的にも広く検討する必要がある。

建て替えについては、既述のとおり区分所有者が多額の事業資金を同時に用意することは期待しにくい。くわえて、建て替え事業の煩雑さもある。建て替えは、管理組合総会で議決権数と区分所有者数の各五分の四以上の賛成による建て替え決議をするまでが大仕事だと思われがちだが、実際にはこうした決議は事業の始まりに過ぎない。その後も工事が完了したマンションに再入居するまでに、建て替え決議に賛成しない区分所有者に対する売り渡し請求、建て替え後の住戸の区割り、権利変換などの面倒な手順を踏まなければならない。余剰容積がない自己資金による建て替えでは、コンサルタントを利用する資金の余裕がないから、これらの手続きについての負担の多くは、区分所有者の肩にのしかかってくる。

これまで事業が実施された、容積率などの条件が恵まれたマンションの場合でも、建て替えの検討を始めてから新しい建物が完成するまでに一〇年程度の期間を要している。高齢者も多い第一世代のマンションの区分所有者に、こうした心身の負担を強いることは妥当とはいえない。

また、耐震改修についても、少なくとも築三五年を超えているため、耐震性不足を解決しても、建物・設備の老朽化や陳腐化が著しいものが多い第一世代のマンションでは、投資額を超えるまで市場価値を向上させることは容易なことではない。

もちろん建て替えや改修による再生は、十分な準備期間があるなかで区分所有者が無理なく合意形成ができれば、実施するに越したことはないが、第一世代のマンションの区分所有者にとっては重い課題であることは、これらによる再生がほとんど進んでいないことをみても明らかである。一括売却制度はマンションの長寿命化やコミュニティの持続という視点から見れば問題はあるが、出口が見えない閉塞状態にある旧耐震マンションの再生を促進し、都市の防災力向上、土地の有効利用という点から見れば合理的な制度であり、この活用を軸に終活と再生を考えることが現実的である。

5 終活と再生の具体的な進め方

ここまで繰り返し指摘してきたように、第一世代のマンションは課題があまりにも多く、区分所有者や管理組合が終活と再生に取り組むことが困難な状況にある。しかし、現状を放置すれば状況はますます悪化する。区分所有者にとって、少しでも有利な条件で問題を解決するために、できるだけ早く終活と再生に取り組むべきである。

第一世代のマンションの区分所有者や管理組合が、これから取り組むことができる終活と再生の概要を、第一世代前期と後期のそれぞれについて考えることにする。

1　第一世代前期——形式にとらわれず話し合いをスタート

既述のとおり、一九七一年の建築基準法改正より前に建設されたいわゆる「旧旧耐震」マンションの場合、耐震性はかなり劣っている可能性が高い。そのうえ、制度インフラがほとんどない時代に建設・分譲されたため維持管理状態も悪く、老朽化が進行し、雨漏りや水漏れ、ガス漏れ、外壁の剥落、鉄筋の露出、鉄部の腐食などが顕在化しつつあるものが少なくない。また、住戸面積が狭い、階高や廊下・階段の幅といった機能面でも現在の水準に比べて見劣りがするものが多い。

区分所有者の高齢化も進み、賃貸されている住戸や空き家も増加していることが想定される。流通価格の下落が進み、地域によっては流通市場から脱落しているものもある。

余剰容積のある場合を除いて、建て替えにも多額の費用負担が必要となり、改修もままならない状態を放置しておけば、状況はますます悪化し、スラム化するおそれもある。

第一世代前期のマンションが終活と再生にかけることができる時間は多くない。マンションが危機的な状況に一歩一歩近づいていることを区分所有者が理解し、資産価値を守るためには、これまでの常識にとらわれない取り組みが必要なことを共通認識とすることが、終活と再生の出発点になる。

管理組合の総会や理事会の場で終活と再生について話し合うことができれば、それに越したことはないが、実際には有志の自主的な勉強会としてスタートすることが多いかもしれない。居住者どうしでこれまでマンションの将来について話してこなかっただけに初動が大切である。総会や理事会といった形式にとらわれず、とにかく話し合う機会をつくることが必要である。

自主的な勉強会の場合でも、他の区分所有者にどのようなことが話し合われているのかを知らせる情報の開示も重要である。マンションに居住していない区分所有者が多いマンションでは、面倒でも経緯を細かく伝えるようにしたい。アンケートをきめ細かく行うことも、無関心を装っている区分所有者の心を開くうえで効果的である。

こうした話し合いを始める場合、できるだけ、あらかじめ自治体の住宅課や建築課などのマンションを担当する部署に相談をし、話し合いや勉強会などに関与してもらうことができれば、区分所有者のなかに生じやすい疑心暗鬼を防ぐうえで効果がある。自治体にとしても第一世代のマンションがスラム化するなど、行政の負担になることは望ましくないから、柔軟に対応してくれるはずである。

終活と再生の話し合いの手順に一例を示すと以下のようになる。

①マンションの一〇年後をイメージする

・耐震のことはひとまずおいて、建物・設備の現状について、毎日の暮らしのなかで実感していることは何か。
・現状のままで一〇年間経過した場合の状況はどんなものか。
・耐震性に不安を抱えた状態を続けていていいかどうか。

こうした話し合いのなかで、このまま何も決めることができず、現在の状態が続けばおそらく一〇年を待たず資産価値を失う可能性があるとともに、資産と暮らしを守るためには、いろいろな選択肢があることも共通認識にする。

②改善策を具体的に考える
・一〇年後の暮らしに必要な工事について、金額のことも含めて考える。
・耐震改修や建て替えについての、基礎知識の提供やアドバイスを自治体に要請する。
③耐震改修や建て替えをするために必要な金額を知って、実際に可能かどうかを話し合う。
④耐震改修や建て替えができる見通しがあれば、具体的に検討する。できる見通しがたたなければ、一括売却について検討をする。

2 第一世代後期——耐震改修と長寿命化への共通認識を

一九七二〜八〇年に分譲された第一世代後期に属する旧耐震マンションは、三回目の大規模修繕に向けた準備に入る時期が多い。耐震性には当然問題はあるが、管理状態により居住性にはかなりの差がある。グレードアップ工事などを実施することで良好な居住性を維持しているマンションがある半面、老朽化・陳腐化が著しいこともある。耐震改修をすることで長寿命化をはかるのか、建て替えや一括売却を考えるかが問題になる。

この時期のマンションは、エレベーターや配管などの更新時期を迎えるため修繕費がかかるが、それに対応する修繕積立金が不足していることもある。三回目の大規模修繕を行うだけでも、一時金の徴収、修繕積立金の引き上げ、融資を受けるといった資金づくりが必要になることもある。

区分所有者の高齢化も進みつつあり、今後の維持管理・修繕にも不安があるため、多様な選択肢があることを理解して、検討する気運を育てるようにする。

修繕積立金が不足するため必要な修繕・改修が行われない場合は、老朽化や陳腐化が急速に進行することとなる。しかも、余剰容積があるマンションを除けば、建て替えには多額の費用負担が必要となる。

建て替えや一括売却も視野に入れ、将来の展望を共有したうえで、当面の課題である耐震改修と三回目の大規模修繕工事を検討する必要がある。

第一世代前期のマンションほど事態は切迫していないが、耐震改修を避けることができないことを、まず共通認識としたい。

終活と再生にむけた話し合いの内容は第一世代前期のマンションと同じだが、検討の基礎となる、次のような調査や検討をすることで合意形成が容易になる。

自治体が支援の仕組みを設けていることも多いので、活用するようにしたい。

①建物や設備の調査・診断の実施（必要に応じて耐震診断を含む）
②区分所有者とその家族のニーズの調査（アンケート調査、ヒアリングなど）
③耐震改修を含む長寿命化計画の策定と費用の算定
④修繕・改修以外の再生手法の検討（建て替えなどの事業性の簡易な検証）
⑤長期修繕計画と修繕積立金の見直し

3 費用負担困難者への対応

耐震性への不安を抱えたまま老朽化が進んでいる第一世代のマンションには、残された時間は多くない。建て替えに向けた検討を始めるためには、資金の問題を解決する必要がある。特に重要なのは、費用負担が困難な区分所有者への対応である。

① 高齢者向け特例返済制度

住宅金融支援機構の「高齢者向け特例返済制度」は、六〇歳以上の区分所有者がマンションを建て替える場合に、一、〇〇〇万円を限度に融資を受け、借主が死亡した時点で担保とした住戸を処分して一括返済するもので、毎月返済額は「利息のみ」となる。

借り入れ申し込み時に満六〇歳以上の同居する親族を、連帯債務者とすることもできる。申し込み本人が先に死亡した場合でも、連帯債務者が月々の返済を継続することで、元金を一括返済せずに住み続けることができる。費用負担が困難な区分所有者が利用することで、建て替えに参加できる可能性が広がる。

②定期借地権＊4付きマンションへの転換

建て替え後のマンションの底地権を公的機関などに取得してもらい、定期借地権付きマンションとすることで、区分所有者の費用負担を減らすことができる。

③区分所有者の権利を公的機関が取得

費用負担が困難な区分所有者の権利を公的機関が取得し、再生後の住戸を従前の区分所有者に賃貸する方法をとることで、住み慣れた地域やコミュニティでの居住継続をできるようにする。ただし、こうした方法を実現するためには費用負担困難者の区分所有権を取得し、長期に保有し続けることができる主体が必要になる。この主体としては、公的機関のほかに、一般の投資家や、区分所有者の有志が設立する法人などが考えられる。

④公的賃貸住宅への入居

費用負担が困難な区分所有者等の居住の安定と生活再建とを図るための、自治体による公的賃貸住宅のあっせん制度もある。

⑤一括売却制度の活用

管理組合が一括売却決議をする前に、買い受け人であるデベロッパーなどが作成する買い受け計画には、代替住宅の提供なども定めることになる。建て替えの費用負担困難者が多いことで

＊4——定期借地権は借地借家法で保護される期限付きの土地利用権である。建て替えをする場合、公的機関や事業協力者に土地を売却した資金を事業費にあてることができる。建て替え後のマンションの区分所有者は土地の固定資産税は課税されないが、地代を土地所有者の支払う必要がある。

の終活と再生の検討が進まない場合は、一括売却制度の活用を考えたい。

6 本音で話す「終活と再生」

1 区分所有者の多様な事情を知る

マンションには、家族構成、年齢、購入時期、経済状態などが異なるさまざまな区分所有者がいる。たとえば、年金生活で資金力に乏しい高齢者世帯と、親が購入した住戸を相続で取得した比較的若い世代の世帯とでは、マンションの将来や再生の必要性についての考え方が違うのが普通である。また、すでに住宅ローンを返済した区分所有者と、比較的最近になってローンを利用して購入した区分所有者では再生資金の調達力に差がある。

最近は共用部分が老朽化したマンションの専有部分の内部だけを改装したリノベーション・マンションが市場に出回り、これを購入した区分所有者も増えている。このように、購入時にはほぼ均質だった区分所有者の経済的条件も多様になっている。

こうしたさまざまな事情や条件をもった区分所有者がいるため、マンションのこれからについて話し合う共通の土俵がつくりにくく、話し合いを避けてきたのが管理組合の一般的な状態である。

多くの区分所有者が、このままでは将来困ったことになる思いながらも、管理組合の会合などで口に出すことをためらっている。うかつに検討をしようなどと言いだせば、収拾がつかない混乱がおきることになりかねないため、「寝た子を起こさない」ようにし、そっとしている状態だといえる。

このまま話し合いを始めることができず、問題を先送りしたまま、建物の老朽化、区分所有者の高齢化、所得減少などが進むと、合意形成はますます困難になるという悪循環に陥ることになる。区分所有者のさまざまな事情をお互いに理解することが終活と再生の出発点である。

2　「茶飲み話」で心を開く

終活と再生に向けた話し合いをすることは、建て替えやリノベーション（改修）のための議論と同じではない。「建物をどうするか」を検討する前に、自分たちのマンションで生活をするうえでの課題や、その課題に自分がどのように対応しようとしているのかを、「会議」ではなく「茶飲み話」として始めることが、遠回りのようだが悪循環を断ち切ることになる。

いまのマンションにいつまで住み続けるのか？　維持管理・修繕・改修などをどの程度のレベルで行い、その費用をどの程度負担していくのか？　建て替えざるをえない時期が来るのはいつごろか？　といったことについて、区分所有者それぞれの思いや考え方を知ることである。

終活と再生についての議論が行き詰まりやすいのは、それが現実的な課題になり切羽詰まった状態になった段階で突然問題が浮上するからである。まだ問題が現実的な課題となる前から、マンションを所有するからは必ずいつかは直面することであることが認識され、折にふれて意識を喚起することができれば、戸建て住宅に住まう感覚と同様に、自分の住まいの将来について考える姿勢が築かれていくだろう。

また、マンションの終活や再生の計画を、区分所有者やその家族が参加してつくることもひとつの方法である。課題や解決の選択肢が家族で共有されていれば、問題がある日突然浮上する場合よりも、スムーズな話し合いができるはずである。

3 終活アドバイザーの役割

マンションの再生は基本的には区分所有者の生活設計を集約してマンションの将来を決めていくことである。だが、多様なライフステージや生活設計の区分所有者が混在し、費用を負担したくない者や負担できない者も存在するなかで、相互に矛盾するニーズを調整するために話し合いをすることは、区分所有者にとって面倒なばかりでなく、場合によっては不愉快なことでもある。

マンションのこれからについての話し合いをすることは、お互いの家庭内の事情や経済状態を否応なしに知ることになる。自分の氏名さえ他の人に知らせたくないと思う区分所有者や居住者が増えるなかでは、話し合いの場に参加することすら拒否する人も多い。

こうしたなかでまとめ役とならなければならない管理組合の役員には特に大きな心身の負担がのしかかる。近年、管理組合の役員を引き受けたくないという区分所有者が増える傾向にある。日常的な管理についてはまだしも、終活や再生という重いテーマに関わりたくないと思う区分所有者が増えることは不思議ではない。

マンション管理の主体である管理組合が、終活の担い手になることは実はそれほど簡単なことではない。終活や再生への取り組みには日常管理の延長である側面と、管理の域を超えた各区分所有者の権利関係に踏み込む側面がある。管理組合が再生に取り組むためには、日常の管理業務とは違うレベルの将来に向けた持続的な話し合いのファシリテート、終活に関わる実務をサポートする者も必要である。

つまり、さまざまな事情を抱え、さまざまな考え方をもつ区分所有者の相互理解を深め、利害調整の素地をつくるということは、マンションの通常の維持管理とは質的に異なる専門知識やファシリテーション能力が必要とされ、管理組合理事長を補佐し、場合によれば理事長の管理者としての責任を代行して合意形成の推進と事業の円滑な実施についてリーダーシップを発揮する「終活アドバイザー」を、自治体がマンション管理士や管理会社の協力を得て育て、養成していくことも必要になるだろう。

特に一括売却制度の利用を考える場合は、買い受け人候補となる複数のデベロッパーなどを募り、最も有利な条件の買い受け計画を作成させることが必要になるが、これも「終活アドバイザー」の重要な役割になるに違いない。

4 すべてのマンションは終活と再生を避けられない

人口減少と高齢化が進むなかで、利便性の高いマンション居住を選択する、このことは今後地方都市でも増えることが予想される。すでに大都市圏で始まっているマンションが主要な居住形態になる社会が、伝統的な集落の崩壊と並行して地方にも広がることになる。それだけに築年数が経過し、建物の老朽化と区分所有者の高齢化という「二つの老い」に直面したマンションが、終活と再生への「出口」を見出すことができず「スラム化」することは、物理的にも心理的にも社会全体に大きな負の影響を与えることになる。

元気なうちに人生の幕引きを準備する終活に取り組む高齢者が増えているが、マンションについても終活と再生を真剣に考える必要がある。どのようなマンションでも、いつかは物理的、社会的な耐用年数に到達、再生を検討する時期を迎えることになる。ただし、多くの区分所有者の共有財産であるマンションの終活は、個人の場合よりも難しい。さまざまな世代、生活設計、経済力が違う区分所有者の意見をまとめるのは容易なことではない。結論が出るまでには長い時間がかかるはずである。

個人の終活が、老いが進み意思決定ができなくなる前に、いわば人間としての尊厳を守るために始めるのと同様に、集団としての区分所有者が自分たちの資産と暮らしについて、自分たちの力で展望をもち、具体化するのがマンションの終活と再生である。

マンション管理の基本的な要素であるカネ、ヒト、モノが切羽詰まった状態に陥らず、管理組合による意思決定ができるうちに、マンションの将来と「出口」を考える終活と再生に取り組むことは、どの世代のマンションにも共通するすべてのマンションの課題である。

本章では、特に築年数が三五年を超えて二つの老いが進むうえに、耐震性に不安がある第一世代のマンションの終活と再生について考えてきたが、これは第二世代、第三世代のマンションの区分所有者や管理組合もいつかは直面する、決して他人事ではないテーマである。

管理組合が影響の出る住戸に補償金、耐震改修工事を実施

――ニュー九段マンション（東京都千代田区）

一九七〇年に建設されたニュー九段マンション（地上一〇階、地下一階、総戸数三五戸）は、二〇一一年三月に発生した東日本大震災で窓や扉の角の一部にヒビが入ったことを契機にマンションの将来を考えることになった。同年六月の管理組合総会で応急補修工事の実施とともに勉強会を設置することを決めた。

千代田区と外郭団体の（公財）まちみらい千代田の支援も受けて実施した勉強会を通じて、区分所有者がマンションが直面する課題を真剣に考えるようになった。築後四〇年以上経過した旧耐震のマンションを、いつまでも現状のままにしておくことはできないということが共通認識になった。

二〇一二年六月の管理組合総会で耐震診断の実施と

2014年 2015年

3月	9月	4月	6月	8月	3月
管理組合臨時総会	管理組合臨時総会	管理組合臨時総会	管理組合臨時総会	耐震改修工事着工	耐震改修工事竣工
耐震設計実施決議	耐震改修工事実施決議（条件付）	資金計画資金借入承認	耐震改修工事実施決議		

耐震設計料助成

耐震改修工事費助成

「ニュー九段マンションの将来を考える会」の設置を決めるとともに、耐震改修と建て替えの二つのケースについて、計画概要作成と概算見積を設計事務所に依頼。結果は耐震改修が約二億円、建て替えは約二〇億円で、一〇倍の開きがあることがわかった。

二〇一三年三月に臨時総会を開催して耐震改修の具体的な設計に着手、同年九月の臨時総会で資金調達のメドをつけることを条件に耐震改修工事を行うことを議決した。二〇一四年四月の臨時総会で借入金を含む資金計画を承認、六月の総会で耐震改修工事の実施を正式に議決した。

耐震改修後。バルコニーにV字型のブレースを入れたことがわかる

ニュー九段マンション　耐震改修工事の経過

2011年		2012年			2013年
3.11 東日本大震災	6月 管理組合通常総会	1月 第1回勉強会	5月 第2回勉強会	6月 管理組合通常総会	2月 説明会
建物の一部にヒビ発生	応急補修 勉強会実施を決議			耐震診断実施 改修と建替見積依頼 「考える会」設置決議	耐震診断結果説明

活用した助成制度　千代田区のマンションアドバイザー派遣　耐震診断費用助成

耐震工事は地中梁と二階までの柱を補強、三階から一〇階のバルコニー前にV字型のブレースを入れ、三階から六階のバルコニーの側壁を補強するもので、一部の住戸の専有部分が狭くなることが合意形成の障害になった。話し合いの結果、影響を受ける住戸の区分所有者に、管理組合が狭くなる専有面積の時価に相当する補償金を支払うことで合意し、二〇一四年八月に耐震工事着工、一五年三月に竣工した。

容積率に余裕がないため、耐震改修と建て替えのいずれの場合も全額を区分所有者が負担しなければ実施できないという厳しい現実を受け止めて、耐震改修工事による長寿命化を選択したニュー九段マンションの事例から学ぶことは多い。

第4章

居住者ができるマンションの資産管理と経営

ここまでマンションの建築時期に注目して第一世代から第三世代に、またマンションの一生の視点から新築段階、居住段階、終活段階に分けて考察してきた。人口減少社会が進行し、ますます管理不全から建物の著しい劣化へのリスクが高まっているマンションの将来に向けて本章では、特に「第二世代」と「第三世代」に焦点を当てて資産価値に注目したマンション経営の必要性をさまざまな角度から考察する。

1 マンションの資産価値が危ない

今年、あなたの住むマンションは築二五年を迎え、大規模修繕工事を来年度に控えていた。そんなある日、理事会から集会の通知が届けられた。

「第二回の大規模修繕工事を来年度に予定しており、現在、理事会では修繕委員会およびコンサルタントとともに鋭意検討を進めて参りましたが、工事見積もりをしたところ、修繕積立金が大幅に不足していることが判明いたしました。つきましては、一軒あたり二五〇万円の拠出をお願いいいたしたく、集会を開催したいと思います」

突然のお知らせにあなたは仰天した。寝耳に水の話であり、予定外のこのような多額のお金を出すことは、すんなりと受け入れられるものではない。

そして集会。不穏な空気のなか、理事長が説明を始めた。

「……私ども理事会もなぜこのような事態にいたってしまったのか、過去の経緯を十分に把握しておりません。まだ原因を究明中ですが、現時点でいくつか推測できることがあります。

まず、過去の値上げの不足です。分譲された当初、管理会社から示されていた積立計画は三年ごとに二〇%ずつ値上げするとのことでした。ところが、実際には値上げはこれまでに四回しか行われておらず、毎回の値上げ幅も二〇%を下回っています。

次に、長期修繕計画も適時に見直されていませんでした。本来であれば適切なタイミングで見直しを行うべきでしたが、当初計画のまま放置されていました。

さらに最近建設関係の費用が高騰しているという事情も大きく影響しているようです」

すると、ある居住者が手を上げた。

「ちょっと待って下さい。そもそも毎月徴収されていた修繕積立金が十分な金額ではなかったのですか？　そうだとすると、いったい何を根拠に金額が決められてきたのですか？

私は今年中古物件で買って入居したのですが、それなりに修繕積立金があるので、こんなに不足しているとは聞いていませんでした」

続けて老人が言葉を継いだ。

「私はすでに退職して年金暮らしだから、昨日今日いきなりそんなお金を出せと言われても無理だよ。そういう場合には免除してもらえないのですか？　毎月の管理費と修繕積立金を払うだけでも精一杯で、どうしてもというならマンションを手放さなきゃならない」

また他の男性も少しためらいがちにこう言った。

「あの、ウチでは来年大学生になる息子と高校に上がる娘がいるんです。その二人のために貯めている学費を取り崩しでもしない限り、とても二五〇万円なんて無理ですよ。どうすればいいのですか？」

誰もが混乱しきっている。とにかく大規模修繕工事はやらなきゃならないから出すべきだと主張する人。怒り出す人。払えないものは払えないと開き直る人もいる。

一方で、理事たちも、これは自分たちが招いた事態ではなく「私たちだって好きでこんなことお願いしているわけじゃない、過去の理事たちにも責任はある」という思いもあり、不満顔だ。この様子ではとても来年の大規模修繕工事はすんなりと行きそうもない。なんでこんなことになってしまったのか……。

1　どのマンションにも起こりうる資金不足

マンションがこのような事態に直面する可能性があるのは、おそらく二回目の大規模修繕工事あたりであろう。

一回目の大規模修繕工事では、分譲当初に修繕基金が徴収されていることも相まって当初設定の修繕積立金の水準でも乗り越えられることが多い。だが、二回目の大規模修繕工事は適切に修繕積立金を値上げしていないと、工事の実行すら危うくなってしまう可能性が高い。

二回目の大規模修繕工事が一回目よりも財政難に直面しやすいのは、一回目で行わない共用部配管の取り替えなど、費用のかかる工事を二回目で行う必要があるほか、一回目から二回目の間に機械式駐車場やインターフォンの入れ替えなども行われることが多いからである。

一回目の大規模修繕工事が終わったときに修繕積立金を全額使い切るようだと、その後は間違いなく財政難に陥ると考えてよいだろう。

このような問題が起こる原因は三つある。新築時の月額管理費・修繕積立金の低すぎる設定水準、非現実的な積立計画、積立不足を認識できないマンションの会計処理、である。

これらの問題が、多くのマンションの将来に暗い影を落としている。放置して時間が経つにつれて問題はより大きく複雑になり、資産価値の毀損を招く可能性が高くなるので、早めの対応はマンション全体のためだけではなく家族の将来のためにも重要である。

2 マンションの資産価値を意識する

個別の問題を掘り下げる前に、まず、包括的な観点からマンションの資産価値について考えてみよう。例にあげた修繕積立金の問題はこの資産価値の一側面である。

マンションの資産価値とは、一義的には売却価値を意味している。

もちろん、マンションには住むことによって得られる、金銭で測れない価値を資産価値に含めて考えることもできるが、ここではあくまでも金銭的な側面に限定し、それが具現化された売却価値に特化して考えたい。なぜなら、資産価値の概念を広く解釈し過ぎると議論が拡散するし、またいずれすべてのマンション居住者はマンション売却に直面せずにはいられないので金銭的な面に議論を絞っても一般性は失われないからだ。

たとえば、ある夫婦がマンションを購入した際に、そのマンションに一生住み続けると決心し、売却することはないと思っていたとしても、実際にそうなるかどうかはわからない。

夫の突然の転勤でマンションを手放すことになったり、手放さないまでも賃貸に出したりすることは十分考えられる。子供が生まれて部屋数が不足したり、通わせる学校のために引っ越したりすることもある。

また、夫が会社を辞めて独立することで懐事情が異なってくることもある。逆に大きく出世したり、独立して始めた事業がうまくいくことで新たに大きなマンションを購入したり、一戸建てに移っていくかもしれない。

あるいは、住みたい街が見つかって引っ越していくこともあれば、近隣とのトラブル、治安などを理由に引っ越すことも考えられる。

仮に夫婦のうちひとりが人生の最後まで住めたとしても、伴侶を失ったことを機にマンションを売り払ってしまうこともあるだろう。人生は自らが考える予定とは関係なくいくらでも事情変更の可能性に満ちている。

以上のように、どのような思いでマンションに住み始めたとしても、誰もが突如としてマンションの資産価値と向き合うことになりうるのである。

3 資産価値を構成するもの

マンションの資産価値は、大きくハード面とソフト面から考えることができる。

ハード面は立地条件、周辺状況、デベロッパーブランド、建物(間取り、内装、設備)などから構成される。ソフト面は管理会社、組合運営、資産管理、財務状況、長期修繕計画・修繕積立金、防災計画、コミュニティなどから構成される。

4 コントロール不可能なハード面

まずはマンションのハード面について考えてみよう。

マンションの資産価値に及ぼす影響は通常ソフト面より

表1 マンションの資産価値

ハード	・立地条件
	・周辺状況
	・デベロッパーブランド
	・居住性
	・建物(間取り、内装、設備)など
ソフト	・管理会社
	・組合運営
	・資産管理
	・財務状況
	・長期修繕計画・修繕積立金
	・防災計画、コミュニティなど

もハード面のほうが大きい。なぜなら、新築時・中古購入時にはおもにハード面から物件を検討するものであり、またハード面は事後的に変更ができないものが多いからだ。ハード面はほとんど居住者が関与する前の企画段階で決まってしまうものなので、居住者にはコントロールできないと考えてよいだろう。

そのなかでも資産価値に最も大きな影響を与えるものは何だろうか。他の条件をいくら改善しても挽回できないほどの影響を持つ要素である。それは、立地条件である。

立地条件

立地条件と、それに付随する周辺状況はデベロッパーの土地の取得段階で決まってしまうものであり、それが資産価値に及ぼす影響は部屋の間取り、広さ、内装の豪華さなどでは補いきれない。なぜなら、立地条件はマンションの購入希望者の母数をほぼ決定し、その母数の多寡がマンションの資産価値を大きく左右するからである。立地条件が良ければ購入希望者が押しかけ、購入希望者の数が多ければ資産価値は高くなるだろう。

たとえば都心のタワーマンションと地方の同程度のつくりのマンションを考えてみると、必然的に都心のタワーマンションの資産価値が高くなる。都心のほうが購入希望者の数が多く所得水準も高いからである。

一方、人口の少ない地方では、新たに外部から人が流入する可能性は低く、購入希望者の母数自体が少ない。むしろ今後、人口減少による住宅の余剰によりほぼ無価値になってしまうマンションも出てくるだろう。かつてバブル時代に流行ったスキーリゾートの別荘マンションに、現在では値がつかないというレポートがときどき流れるが、これと同様の現象が生じる。

さらに立地条件および周辺状況のうち資産価値に及ぼす詳細な条件には、駅やバス停に近いのか、日当たりや景色は良いのか、目の前に大きな道路が走っていないか、工場などの施設が近くにないか、子供が通う学校のレベルはどうか、などがある。これらも、そのマンションを買いたいと思う人の母数に総合的に影響を与える。

デベロッパーブランド

ブランドは、立地条件に次いで資産価値に影響を与える。立地条件がほぼ同じで、建物、躯体構造、間取り、設備などの条件も同じであったとしても、大手デベロッパーやブランド名のマンションのほうが資産価値は高いであろう。

一般的にはブランドのほうが建物のつくりや間取り、内装、設備よりも資産価値に与える影響は大きいと考えられる。知識が豊富な人ならばブランドよりもむしろ居住性を重視するだろうが、誰もがそのような知識を備えているわけではない。ブランドに対して高い値段なのはきっとそれに見合うものを提供しているのだろう、という漠然とした期待が、マンション価格への納得性を支えている。

建物（間取り、内装、設備）

建物（間取り、内装、設備）によって得られる居住性は、住み始めてからはブランド価値よりも重要なものである。デベロッパーのブランド力は高くなくとも、つくりが良ければ、それを資産価値として考えることができるであろう。

たとえば、マンションには時代ごとに標準的な間取りがあり、部屋の広さ、天井の高さ、アウトフレーム工法か、キッチンや和室の配置はどうなっているか、などこれらに対する評価が中古物件として売り出すときの売却価格に反映される。また、マンションの玄関の内装の印象が良いか、マンション内の設備に魅力的なラウンジやスポーツジムがあるかどうかも価格への納得性を高めることで資産価値に影響を与えている。

5 居住者がコントロール可能なソフト面

次にマンション価値のソフト面について考えてみよう。ソフト面はハード面ほど資産価値に与えるインパクトは大きくない。というのも、マンション購入希望者はそのマンションのソフト面の評判を聞きつけてやってくるわけではなく、ハード面で検討してから実際に足を運ぶことを決めて、やっとソフト面の状況を把握するものだからである。。つまり、ハード面は購入希望者の母数に大きな影響を与えるが、ソフト面は購入希望者が実際にそのマンションの購入を決定することに影響を与える。

ソフト面は居住者自らがコントロール可能なものであり、長期的に適切に取り組めば、のちのち資産価値に影響が出てくる。ハード面で大枠決まっている資産価値の経年的な減少幅を、ソフト面を充実させることにより小さくできるのだ。

しかし、一般的にソフト面はハード面ほど資産価値に与える影響は重要ではないといっても、個別にはハード面に匹敵するほど影響力のあるものもあるので決して侮ることはできない。

ソフト面でマンションの売買価値、購入の意思決定に大きな影響を与えるものは何だろうか。それは財務状況である。財務状況には長期修繕計画・修繕積立金も含まれる。この章の冒頭で取り上げた例はこれに関連している。

マンション経営が必要になるのはまさにこの点であろう。日々の業務や問題を過不足なく対応するだけでなく、あるべきお金の流れやいつどれくらいお金が必要であるのかを見据えて将来のために今やるべきことが、マンション経営である。

財務状況

まず、財務状況が資産価値にどのような影響を与えるのかを考えてみよう。仮にあなたがある中古マンションの購入を検討しているとして、財務状況が悪いことを知らされたら、どう考えるだろうか。すなわち修繕積立金が明らかに不足し、今後大きな値上げや一時金の徴収が行われるであろうことが予想されるマンションだ、というのである。あなたはこのようなマンションを高値で購入するだろうか。当然、将来の値上げ分や一時徴収分を織り込んだ値引きをして欲しいと考えることだろう。むしろ、冒頭の例のように居住者間で意思統一できずにトラブルになりかねないのだから、購入を断念してもおかしくない。

さらに、購入検討時にそのような状況であることが何も知らされないとしたらどうだろうか。もし知っていたら買わなかったかもしれないのだから、知らせないのは詐欺的であると感じないだろうか。

財務状況は値引き要求や購入希望者の減少という形で売買価格に反映されるので、財務状況が良好であることは資産価値に影響するとともにそれをきちんと知らせることができるようにしなければならない。財務状況は次節で扱うマンション管理組合会計基準と密接に関連している。

資産管理

財務状況の次に資産価値に大きな影響を与えるのは、資産管理である。

資産管理は、資産の購入、維持の意思決定プロセスであり、これらが建物や設備の更新・維持・補修の状況も左右する。購入希望者がハード面で条件に叶うマンションを訪れ、そのときに資産が適切に管理されていない状況を見たら、どうだろうか。適時に行われない大規模修繕工事のせいで塗装が剥がれ、壊れたまま放置された設備、穴だらけの舗装、つながらないインターフォン、古びたエントランスホールなど、いくら対象の部屋は希望に合致し完璧だったとしても、やはり敬遠したくなるだろう。売却側は自分の部屋は十分に綺麗なのに、なぜ購入希望者が購入をためらうのか理由がわからないまま、首を傾げながら値下げして売ることになる。

管理状況

さらに、管理会社の選択や管理組合の活動は、日常レベルの現状維持、美観維持を通じて資産価値と関連している。

いっけん資産価値とはあまり関係がないようにも思えるが、現実には資産管理と同様に資産価値に影響を与えてしまう。敷地内に無造作にゴミが放置され、自転車置場は荒れ放題、建物全体にカビ臭かったりしたら、そこに高いお金を払って住みたいと思うだろうか。やはり敬遠され、資産価値が下がってしまうことは想像に難くない。その他のことをいくら頑張っていても、些細なことが思わぬかたちで資産価値に影響している可能性があるので、決して疎かにはできない。通常は管理会社への業務委託契約で取り決めるサービスレベルで決まるものだが、居住者がどれだけ意識的に自分たちのマンション管理に取り組んでいるのかとも関連している。

巷間に「マンションは管理を買え」という格言があるが、これはまさに資産管理と管理状況が資産価値に与える影響の大きさを示している。

防災計画、コミュニティ

防災計画やコミュニティは、直接的に資産価値に影響を及ぼすことはないように思える。実際、購入希望者がこの点を理由に購入を決めることは少ないだろう。

しかし、これらの要素も資産価値に完全に無関係とはいえない。

むしろ、コミュニティはすべての基盤なので、コミュニティが活発でなければ資産管理、管理状況を適切に行うことはできず、それらよりもさらに踏み込んだものである防災計画はコミュニティのレベルの高さと関係しているものと考えられる。

すなわち、コミュニティが活発でないマンションではすべてのソフト面に負の影響が出てしまうし、逆に防災計画ができているマンションはすべてのソフト面が高いレベルにあると推定することができる。このような意味で、防災計画、コミュニティはマンションの資産価値に間接的に関わっているといえる。

2 マンションの「会計」を正しく知る

次にマンションの財務状況の報告であるマンションの会計についての現状と、今後の対応を考えてみよう。

1 マンションには正しい会計処理が存在しない？

マンションのソフト面が資産価値に及ぼす影響を考えるうえで、基礎となるのは「組合管理会計」である。

最初にマンション会計の現状における重大な問題を指摘しておきたい。それは、マンション管理組合会計には会計処理のよって立つべき統一的な「会計基準」が現在のところ存在しないことである。「会計基準」が存在しないということは、どのような会計処理を行ったとしてもそれが正しいのか、間違いなのかを判断できないということを意味する。

会計基準というとほとんどの人にとって馴染みがなく、居住者にとっては関係のない話のように感じられるであろうが、それは間違いだ。

マンション会計基準はごく簡単にいうと、居住者などが知るべきことをどのようにわかりやすく報告するのかを体系化したものである。

本来、会計基準を考える際は、誰が何を知りたがっているのか、誰の要請に応えるべきか、から議論の対象となるが、ここでは「居住者がマンションの財務状況を知りたがっていて、その要請に応えるのがマンション会計である」ものとして話を進めていくことにする。

2　会計基準がないことの問題点

さて、先の議論ではマンション会計基準は存在しないものと断定して話を進めてしまったが、そもそも本当にマンション会計基準は存在しないのだろうか。実はその試みは皆無というわけではない。たとえば、マンション管理センターが公表した「マンション管理組合の財務会計に関する会計基準の考え方と課題の整理」などいくつかの試案が散見される。その他にも、国土交通省による「マンションの標準管理規約」など断片的なものがある。しかしいずれも不十分であり、すべてのマンションが従うべきマンション会計基準と位置付けられるものではない。

このような現状は、以下のような問題をはらんでいる。

第一に、会計処理の判断が実質的にマンション管理会社の裁量に任されていることだ。管理会社は会計の専門家ではないため、望ましくない会計処理が管理会社の管理するマンション全体に適用される危険がある。さらに望ましくない会計処理が行われたとしても、会計基準が存在しないままでは正しいか正しくないかさえ議論できない。

第二に、居住者に何を伝えるべく報告をしているか不明であることだ。現状ではマンション管理組合会計は何を目的としてどのような情報を居住者に知らせなければならないのか、そのためには財務諸表は何をどのように表現するべきか、という観点からの検討が不足している。これでは現状の財務諸表の改善は望めないし、ひいてはマンション財政の健全化も期待できない。

第三に、社会的コストが高くなってしまうことだ。マンションごとに会計基準を設定することは可能だが、それでは各マンションごとに大きな労力がかかってしまい社会的なコストが高くなってしまうし、会計に詳しい人がいないマンションではその検討すら行うことができない。また、マンション会計基準がないところでは不正も発生しやすいので、その意味でも社会的コストが増大することになる。

第四に、理解可能性と監査可能性の低下だ。マンション管理組合会計基準がないと同じ取引であってもそれぞれのマンション管理会社ごと、あるいはマンションごとで会計処理が異なるのであれば理解可能性が低くなってしまう。そして、会計基準をよりどころとして判断する監査も成り立たない。

なお、マンション管理組合会計基準の設定は、しかるべき省庁（国土交通省が適切だと考える）が音頭をとることによって制定すべきであり、そこでの議論を待つべきなので、ここでは網羅的に取り扱うことはしない。

会計基準が存在しないという前提のもと、マンション管理組合が対応すべき点についてのみ指摘する。

3 会計を三つの区分に変更する

マンションの収入源は通常、大きく三つある。管理費、修繕積立金、そして駐車場料である。居住者が財務状況をよりよく理解するためには、この三つの収入を独立の会計単位とすることが有用である。

すなわち、管理費は管理組合の活動や管理会社委託料、水光熱費、維持費などに充当され、修繕積立金は長期修繕計画に従って修繕に充当され、駐車場料は機械式駐車場の入れ替え費用や日常の点検費に充当されることを明示することで、財務状況の理解が進む。

ところが一般的なマンション管理組合の会計では、駐車場会計を設けずに、管理費会計と修繕積立金会計の二区分だけで、駐車場料収入が駐車場関連の費用と直接関連付けられていないことが多い。この場合、駐車場料の収入は管理費または修繕積立金のどちらかに計上されることになるが、これは財務状況に対する理解を妨げ、誤った意思決定を誘発するため、望ましくない。なぜなら、たとえば駐車場料収入を管理費に組み込むことで、管理費を低く抑えて一般会計駐車場料収入に依存していることに気づかずに駐車場はお金ばかりかかると勘違いしてしまうことがあるからだ。

本来であればマンション管理組合会計基準であらかじめ三区分を指定すべきものと考えるが、会計基準がなくとも自主的に三区分を採用することをお勧めしたい。二〇一三年の「マンション総合調査」（国土交通省）によれば、修繕積立金制度があるマンションのうち七八％が二会計区分にしており、管理費、修繕積立金会計、駐車場会計の三会計区分にしているのはわずかに一四％に過ぎず、よりいっそうの浸透が望まれる。

それでは、三会計区分を前提として、資産価値の観点からそれぞれどのような点に問題が生じやすく、どのような点に留意するべきかを見てみよう。

①管理費会計

管理費は安ければ安いほどいいというものでもない。無駄な経費は抑えつつ、お金をかけるべきところにお金をかけるという考え方が必要である。

たとえば、管理費のうち、管理会社への管理委託料は高すぎず、かといって安すぎず、ケチりすぎないようにすべきだろう。サービスレベルの低い管理会社から同等の価格でサービスレベルの高い管理会社へのリプレースを検討するのは当然のことであるが、現状で管理委託料に十分見合ったサービスを提供している管理会社にコストダウンを要求すると、どこかでサービスレベルを落とさざるを得なくなってしまい、資産価値に悪影響を与える可能性がある。これでは本末転倒である。

また、管理費は通常収支がギリギリになる水準で決定されている。これは一見合理的ではあるものの、反面新たなことに取り組むための予算はないということでもあり、新たな取り組みのためには管理費の値上げから始めなければならなくなる。加えて値上げ決議から値上げの開始、予算承認、実行の間には二、三年のタイムラグが生じてしまい、新たな取り組みをしようと考えた理事会は理事が総入れ替えされたころにやっと値上げされる。せっかく理事会が意欲に燃えて新たな取り組みをしようとしても、資金的な制約で何もできなかったとしたら、コミュニティの活性化の妨げとなり長期的には資産価値を損ねていることになる。

理事会に新たな取り組みのできる余地を持たせるためには、あらかじめ管理費の予算にやや余裕を持たせ、一定額の余剰金（三〇〇万円程度）が溜まったら修繕積立金に組み込むかなどの約束事をつくっておくことが望ましい。

②修繕積立金会計

修繕積立金は長期修繕計画（支出面）と積立計画（収入面）という二つの側面から考える必要がある。

この二つは、長期的には均衡させなければならず、短期的にも不均衡は望ましくない。ところが、多くのマンションでは長期修繕計画、積立計画それぞれに問題を抱えている。

長期修繕計画

まず、長期修繕計画についてである。長期修繕計画は、ある一定期間における修繕関係の支出総額を把握するために作成される。通常二五年程度を見積もり期間として設定することが推奨されているが、筆者は直近三回の大規模修繕工事を視野に入れて三五年程度の期間を見積もることが望ましいと考える。

なぜなら、第一回目の大規模修繕工事の直後に長期修繕計画を見直すと、第三回目の大規模修繕工事で残高ゼロになるように修繕積立金の水準を改定してしまう可能性が高いからだ。大規模修繕工事には二回に一回しか実施しない工事があるため、必然的に偶数回に多額になりやすい。奇数回で残高がゼロになる水準で見積をしてしまうと偶数回の大規模修繕工事直後の長期修繕計画の見直しで大幅な値上げが必要になってしまうだろう。これは、のちのち修繕積立金の不足が発覚して資産価値に影響を与える。

積立計画

次に積立計画(修繕積立金)について見てみよう。マンションの新築販売時はデベロッパーの販売戦術により修繕積立金の徴収額が意図的に低く抑えられていることが多い。これはデベロッパーが一方的に悪意をもってこのような決定に関与しているわけではなく、マンション購入額時の初期費用が低ければ低いほど販売しやすいという購入者の行動性向に対応した、やむにやまれぬ事情によるものである。いくら購入者のためになるからわが社は十分な修繕積立金と修繕基金を設定しよう、と思ったとしても購入者に評価されない以上、デベロッパーが自らわざわざ他社よりも不利になる条件を付けることは期待できない。一方で、購入者側からすれば、何のために使われるのかよくわからない費用はなるべく抑えたいと考えるのは至極当然のことであり、現状ではどちらが悪いわけでもない。

そこで、デベロッパーは妥協の産物として、修繕積立金の当初の不足分を穴埋めするために徐々にスライド式で積立額を増加させていく条件を付けていることが多い。積立金を徐々に値上げしていく計画には何か問題はないのだろうか。実は、このような積立計画は非現実的である。

前提として、そもそもなぜ修繕積立金を毎月徴収しなければならないのかについて考えてみよう。全世帯が大規模修繕やその他修繕のたびに、一括して修繕費必要額を納付できるのであれば、あらかじめ修繕積立金を徴収する必要はない。しかし、もしそのような方法を採用したときに一世帯でも支払えないことになると修繕工事はそのものが実施できなくなってしまう。つまり、修繕積立金を毎月分割して徴収しているのは、将来に一括で修繕費を徴収する場合に生じるリスクを軽減するためである。それにもかかわらず、わざわざ徴収額が徐々に増加していく計画を立てるとしたら、マンションが古くなるにつれて支払い額が多くなるため、支払い不能に陥る世帯が続出するリスクを増大させており、趣旨に矛盾している。

したがって、修繕積立金は、直近三回分の大規模修繕工事を含む長期修繕計画の支出総額に基づき、期間中フラットに徴収するべきである。なお、国土交通省が二〇〇八年に公表した「長期修繕計画作成ガイドライン」には、ほぼ同様の考え方が示されている。違う点は、見積期間の長さと支を体系的にまとめて報告することは現状でも行われていると思われるので、特に変更点はない。続いて現在の財務状況、すなわち資産と負債の内容についての報告も貸借対照表によって同様に行われているだろう。これも特に変更点はない。

問題は、3つめの将来の支払いの増加可能性についてである。現状ではこのまま行くとどれくらい値上げしなければならないのかについて、十分な情報提供が行われているとは思えない。数字に明るい人ならば、たとえば長期修繕計画と修繕積立金などから推計することも可能であるが、そのような個人の資質に頼った報告では情報提供されているとはいえない。したがって、将来の支払いの増加可能性については重点的に情報提供を強化することになろう。

④報告が備えるべき特質は何か

一般的には、関連性や忠実な表現、比較可能性、理解可能性、検証可能性など*1が含まれることになるであろうが、筆者が思うに特に重要なのは、区分経理による理解可能性の確保である。本文でも述べたとおり、会計は3区分を設けてそれぞれで収支を管理するのが有用であり、それが将来の支払いの増加可能性の理解にも資することになる。

また、基礎的な前提として、発生主義*2も重要である。たとえば、大規模修繕工事が完了しているにもかかわらず支払いが未了の場合、収支計算書と貸借対照表にどのように記載するだろうか。収支の事実を重視するならば、まだ支払っていないので収支計算書に載らないことになるが、発生主義では支払い義務が確定しているのであれば、収支計算書に支出を計上し、貸借対照表に未払金として負債に計上することになる。

組合の財政状態を理解するためには、払ったかどうかの事実よりも、支払いが確定していて組合の負債にそのことが表現されていることの方が有用であろう。

⑤計算書の体系

現状は管理会社ごとにどのような計算書を作成するかまちまちになっている。何のために何を作成しているのかが明示されていないので、情報が二重になっていたり情報がわかりにくい。

たとえば、貸借対照表と全く同じ情報が財産目録として提供されている場合があるが、貸借対照表と同じ情報しか載せないのであれば財産目録は不要である。また、それぞれの計算書がどのように処理してあるか、基準も方針もないため、素朴な収支以外の情報を載せることができない。

また、予算書についても規定しておく必要がある。完全な一組の財務報告を定義し、それぞれの計算書は何を目的とし、どう報告されるべきかの議論が必要であろう。

基準の詳細については触れないが、筆者は長期修繕計画に基づく積立不足を負債計上し、将来の支払いの増額可能性について具体的な金額を明示することは必須であると考える。

*1——特質　詳細は国際会計基準の財務報告概念フレームワークにある質的特徴を参照のこと。報告がどのような特徴を備えていると利用者にとって有用なのかについて特定している。
*2——発生主義　現金の収支によらず、取引や事象の発生時に会計処理する考え方。

管理組合会計基準の議論にあたって

今後、しかるべき機関で会計基準を作成する動きが加速すると考えられるが、その検討において留意すべき点について私見を述べておきたい。

まず、一般的にありがちなのが企業会計原則を模倣して一般原則(真実性の原則や明瞭性の原則等)を立てて、すぐさま本論に移ってしまう方式である。この方式はお薦めしない。原則を立てることでなんとなく安心してしまい、議論すべきところをおざなりにしてしまう懸念がある。原則だけでは何の意味もない。

「誰が」「何を」知りたがっているのか、そのために「何を報告」しなければならないのか、「報告が備えるべき特質は何か(一般原則はこの部分に該当する)」を明確に特定してから本論に入る「概念フレームワーク」方式を採用すべきと考える。

① 誰に報告するか

概念フレームワークでは、まず報告すべき関係者は誰かを特定する。報告をするということは誰かが何かを知りたがっているということが前提だが、それが誰なのか(=主要な関係者)を特定しなければ報告内容は決まらない。

報告に関心をもつと考えられるのは、まずは、自分たちが払っているお金がどうなっているのかを知りたい現在の居住者である。次に、将来のそのマンションの購入希望者も管理組合の財政状態を知りたがるはずである。お金が少なければ不安に思うに違いない。

その他に、管理会社も今後の施策を考えるうえで財務状態は重要であるし、その他に収益取引のある管理組合に対しては税務当局も関心があるかもしれないが、ひとまず主要な関係者は「現在の居住者(現居住者)と購入希望者」の二者に絞ることができよう。

② 何を知りたがっているか

続いて、この主要な関係者が具体的に知りたい内容を特定する必要がある。

居住者は、支払っている管理費と修繕積立金、さらには駐車場料がどのように使われたのか、あるいは使われなかったのかに関心があるだろう。そして、将来的にそれらが増額される可能性についても関心をもつであろう。不足するお金は居住者が払うほかないからである。

それでは、購入希望者は何に関心をもっているだろうか。過去にお金は払っていないので自分の払ったお金の使われ方、という点では関心はないが、将来的にどのようにお金が使われるのか、また将来支払うお金が増額されないかどうかには関心があるはずである。

以上から、両者の関心はほぼ同じとみなしてよく、すなわち、

・過去のお金の使われ方
・現在の財務状況
・将来の支払いの増加可能性

この3項目に関心があると考えられる。

③ 何を報告すべきか

居住者と購入希望者の関心ある3項目を特定したので、これらの情報を含んだ報告をする。

過去のお金の使われ方については、収支計算書を提示することになる。1年間の収

会計を二区分にすることを前提としていることである。

③ **駐車場会計**

前述のように、駐車場会計は独立の会計区分にして収支を明確にすることが望ましい。本来、この駐車場料収入は機械式駐車場の保守管理、修繕、入れ替えやアスファルト舗装の敷き直しなどに使用される目的で徴収されるものであり、管理費に組み込むべきは共用部の敷地利用の対価である。考え方としては、専用庭の使用料と同じである。駐車場会計を独立した一特別会計として取り扱えば、必然的に機械式駐車場の入れ替え費用を意識せざるを得ず、誤った意思決定により資産価値を損なうことを防ぐことができるであろう。

3 「経営」の視点で、マンションの将来を考える

次に、マンションの資産価値のソフト面を支えている、管理状況について取り上げる。これに取り組むには、ある程度中長期的な視点を持たなければならない。なぜなら財務状況と同じく昨日今日で急に改善を成し遂げられるものではないからだ。

ただし、中長期に取り組むにはマンション管理の構造的な難しさがある。

1　中長期的な観点を妨げる仕組み

具体的にどのような仕組みが中長期的に物事を考えることを妨げ、どのような影響を及ぼしているのかを見てみよう。

マンションをどのようにしていきたいのか、そのためにはいま何をすべきなのか――、ということを誰かが考えて、居住者同士が共有していくのが理想である。だが、現状の仕組みではそれを考えられる立場の人は、まずいない。

本来、それを考えるべき立場にいるのは管理組合の理事会だが、現実にはそのようにはなっていない。マンション標準管理規約では理事の任期は二年しかなく、構成メンバーはそれぞれが忙しい日常のなかで時間を割いているので、月に一回理事会を開催し、もう一回追加で集まる以上のことを求めるのは酷だろう。そこでできることといえば、次々にもち上がるマンション内の住民トラブルや行事、設備の不具合などの問題に対処していくことくらいである。片付けるべき日常問題があまりにも多く、充てられる時間はあまりに少ないのだ。

中長期的な取り組みどころか、現実には短期的な取り組み方針すら立てられていない。新理事会の発足に際して今期の基本方針を作成し、それを元に必要な予算案を策定し、実行していく仕組みがあるべきだが、現状ではそのようなことは行われていないし、行うこともできない。なぜなら、新理事長の選任は決算、予算と同時の総会で行われるため、理事長に選任されたときにはすでに予算が成立しており、その予算の枠内で活動するほかないからだ。

さらに、二年で半数交代という理事の標準的な任期では、いろいろなことがようやくわかり始めたころに任期が切れてしまい、継続して大きな問題を解決していくことができない。

このような事情により、むしろ理事会の任務は目の前にもち上がる各種の問題や資産の管理をすること、と自らの役割を小さく限定してしまっているのではないかと懸念される。コミュニティの強化に十分な時間を割くことができず、長期的な資産価値の維持を妨げる要因になっていると考えられる。

さらに、前述の二〇一三年「マンション総合調査」によると、竣工から年を経るごとに賃貸割合が増加していく傾向が見られ、古いマンションほど区分所有者と居住者が一致しない住戸が増える可能性が高い。調査回答によるとマンション全戸数に占める賃貸は平均で一三・七％であるところ、築四〇年を経過したマンションではその割合が二〇％超に達しているのである。

また、都心部のマンションでは外国人や不動産投資会社が投資目的で購入するケースがあり、そもそもの竣工時から区分所有者と居住者が一致しない住戸が大半になってしまうマンションも存在している。このようなマンションではより中長期的観点をもちにくいと考えられる。

2　マンション経営を改革する方法

前述のように、マンションごとの居住者の努力で取り組むことは非効率で限界がある。さまざまな工夫を自分たちの発想だけで実現していくためには、理事たちの時間があまりにも足りなすぎるのだ。

そこで、国またはしかるべき団体が主体となって、ある程度現実的にマンションを経営するための各種のテンプレートを用意し、それを体系的に運営に落としていく仕組みが必要ではないかと考える。

もちろん、そのような一律のもので経営されると画一化、形式主義に陥るという批判もあるだろうが、少なくとも現状のように何もできていないよりはましである。

長期的視点でのマンション経営改革に必要なのはビジョンを明確にし、それに基づいて行動することだが、詳細は第5章で取り扱う。ここでは、それ以前に「マンション経営」として、当たり前にやるべきことから始めてみるべきである。

取り急ぎ改善の必要があると考えられるのは以下の点だ。これらはどれから手をつけなければならないという順序はないし、それぞれが相互に絡み合う問題だが、まずは手をつけやすいところから改革を始めることが重要である。

①「方針」策定のためのテンプレート

中長期的な視点以前に、現状では今後一年の方針すらないまま組合は運営されている。まずは、一年間の「方針」を立てることから始める必要がある。

方針は、「現状分析」を前の理事長から引き継ぐか、理事長になる前に自ら作成することを必須とし、それに基づき重点方針をいくつか選択できるようにすると良いだろう。

現状分析にあたっては、たとえば**表2**に示すような、七つの領域について現状を整理する質問をいくつか用意し、問題点を把握する。

表2　「方針」策定のため現状分析

領域	質問例
組合運営	組合運営で最も問題になっている事項は何か? コミュニティは活性化しているか?
資産管理	長期修繕計画で今期実行しなければならないものは何か? 新たに導入したら生活が便利になる設備は何か?
財務管理	財務的に今期中に対処しなければならないことは何か?
長期修繕計画・修繕積立金	修繕計画と積立計画の均衡はとれているか? 修繕計画の見直しをする必要はないか?
生活環境	生活環境で何か改善すべきところはあるか? 周辺自治会との連携は十分か?
管理会社・管理人	管理会社・管理人に対して要望すべきことはあるか?
防災計画	防災マニュアルは策定されているか? 備蓄をする必要はないか?

表3　方針と施策の内容

共有設備を最新化する	・ネットワークを光回線に換える
	・照明のLED化や配置の変更
	・ケーブルテレビの導入
	・インターフォンや防犯カメラの更新など
コミュニティを強化する	・新規イベントの企画
	・新たなミーティングの設置
	・施設の利用条件変更など
財政の健全化に取り組む	・管理費の値上げや支出の見直し
	・電力一括購入サービスの導入など
大規模地震に万全の備えをする	・防災マニュアルの作成
	・連絡網の作成
	・避難訓練の実施
	・食糧や水の確保など

これらを基礎にして、課題一覧表を作成し、どのように解決していくのか、何に取り組んでいくのかを「方針」として決定する。方針の決め方は、合理的である必要はなく、理事長の決断でいいだろう。詳細な議論は、具体的に行動に移る前に検討すればよい。

方針の例としては以下のようなものが考えられる。これらの方針のそれぞれに重要度・優先度を決めることが、まずやるべきことである。

・マンションの共有設備を最新化する
・マンションのコミュニティを強化する
・マンション財政の健全化に取り組む
・大規模地震に万全の備えをする

さらに具体的な施策として考えられる例が**表3**である。

具体的な施策を決めたら、いつ誰が、何をすればいいのかを検討し、実現に取り組めばよい。いずれにしても、ある程度標準化、テンプレート化をすることによって実行がスムーズになることが期待できる。

もちろん、やる気があり、実務能力の高い理事長であればこのような試みをすでに行っているであろうが、個人の思いつきによる単発の行動で終わらせてはいけないので、「規約改正による方針の公表の義務付け」という形式的な裏付けも同時に必要であろう。

いずれにせよ、こうした方針作成とその実行はマンション資産価値の維持・向上に貢献する。

②理事長選任、予算、決算の分離

方針を作成するための前提となるのが理事長選任時期の変更、予算と決算の分離である。というのも、現在は理事長選任、予算と決算を同時に総会で行うという仕組みであるため、実質的に方針を検討する余地がないからである。

理事長がまず自らの方針(公約のようなもの)を掲げて選任され、その理事長の方針を反映した予算を作成し、承認を受けたうえで新たな年度が開始される、というのが理想的な流れである。ただそうすると、少なくとも予算と決算の二回の総会を開催しなければならなくなるが、決算は特に予算の執行と著しい乖離がなければ、報告だけで済ませてもいいのではないかと考える。

③理事長の任期の変更

方針→理事長選任→予算成立→期の開始という流れで経営するためには、理事長の任期も変更が必要である。

期が開始する前に予算を提出することになるので、会計期間よりも理事長の任期を前にずらすことが必要になる。また、流れからもわかるように選任前から方針を検討し、予算と同じ総会で方針確定、理事長選任、議案審議が同時に行われることになる。

④資産管理委員会の設立

理事はかなりの時間を資産管理関連の仕事に割いている。理事会がよりコミュニティのために時間を割くには、資産管理関連の仕事自体を分離したほうが効果的である。具体的には、別途修繕積立金会計と駐車場会計を管轄する新たな専門委員会を立ち上げることが有用である。

たとえば、資産管理委員会を立ち上げることにより、長期修繕計画に関する検討から、日常的な修繕や設備の更新、大規模修繕までを任せてしまうのである。資産管理委員会が取り扱うのは主にマンションのハード面の管理である。

ハード面には、建物躯体本体のほか、駐車場、駐輪場、舗装、共用部設備、照明、内装などが含まれる。これを専門的に管轄する人がいれば、理事会の負担が減るとともに資産管理はより良好に行われることが期待でき、また資産価値向上にも影響を与えるだろう。

資産管理委員会の任期は、資産の長期的・継続的管理が効果を高めるため、一般の理事よりも長いことが望ましく、少なくとも三年程度の任期とし、理事会の諮問委員会か理事会に属さない専門委員に位置づけるとよい。

⑤超高層(大規模)マンションの場合――議会の必要性

近年、続々と登場している超高層マンションのような巨大コミュニティは、もはや既存のマンションの延長線上で捉えるのではなく、ひとつの村のようなものとして捉えるべきである。一棟で一、〇〇〇戸を超えるマンションでは、一世帯三人ずつ住んでいるとしても三、〇〇〇人の大所帯になる。それよりも人口が少ない村は日本中にいくらでもあるだろう。

この規模になると、修繕積立金だけでもひと月で一、〇〇〇万円を超える収入になり、管理費と合わせると年間収入は数億円にものぼる。これに対して、現在、標準管理規約で想定されている管理組合ははるかに小規模な集団であり、同じマンションにくくられるというだけの理由で、規模の大小を無視して同様の仕組みで統制するのはかなり無理がある。

一、〇〇〇戸超の超高層マンションでは、その規模に見合った統制が必要で、その収入は村の税収入と同列に考えるべきだろう。そうなると、村に模して首長を選挙し、議会の仕組みを導入する必要が出てくる。

たかだかマンションに住んでいるだけなのに、そんな大げさなという声も出るだろう。確かに大げさである。そんなことをするためにマンションに住んでいるわけではない。自分のことで忙しいし、自由に暮らしたいという言いぶんもあるに違いない。しかし、どんな小さな村でも首長を選び、議会があるように、この規模になると同程度の手当てが必要であろう。

候補者のビジョン(公約)を聞き、代議員を選び、予算をつくり、議会で審議し、実行する。そこまでしっかりやらないとしても、それに似た仕組みのなかで運営していくことが合理的である。持ち回りで組合理事を担当するというモデルで運営するべきではない。

また、これくらいの規模になると仕事の片手間では処理しきれないほどの問題が日常的に発生するので、管理組合または自治会の専従者が必要になる。適任者が内部にいないのであれば、人材を外部から登用するのも一案だろう。

法の後ろ盾がないなかでこのような仕組みを自主的につくり上げることは難しいので、本来的には、しかるべき公的機関が検討するべきことである。

⑥外部監査の実施

外部監査は規模にかかわらず実施のメリットがあるが、お互いの顔が見えない、誰が住んでいるのかわからないというような超高層マンションでは特に有効である。なぜなら、日常的に動くお金の規模が桁違いで、仮に不正が起こったときのダメージが大きすぎ、そして理事にかかる責任も重すぎるからである。

マンション内には大金を目の前にしたとしてもやましい心をもつ人が絶対にひとりもいない、大丈夫だ、と信じるには無理がある。そのように信用するのであれば、何があっても動じない覚悟がマンションの居住者全員になければならないだろう。仮に何か不正が発生しても決して怒ることはなく、仕方がない、の一言で諦めがつくのであれば外部監査は必要ないかもしれない。そうでないなら外部監査を積極的に実施するのが賢明である。

また、組合の理事にとっても自らの身を守るために重要である。預金の不正引き出しなどが起こった場合に、それが誰の仕業なのか特定できないような状態であったとしたら、全員が管理不行き届きで損害賠償の対象になりかねない。何のやましいことがないにもかかわらずマンションに住めなくなるかもしれない。そのような理事の責任を軽減するためにも積極的に外部監査導入を薦めたい。

外部監査は、監査法人による財務的な監査を受けるのが一般的である。ただし、前述のとおり会計基準がないという制約下での監査には限界がある。現状では、財務的な監査の有効性は不正行為の発見にとどまるであろう。

3 居住者自身が「経営」する視線をもつ

本章では、マンションの資産価値、それを構成する内容を詳しく分析した。そのうち、居住者側からコントロールすることが可能なソフト面、そのなかでも財務状況についてフォーカスを当て、マンション管理組合の会計基準の不在が、いかに大きな影響を及ぼすか、その必要性について論じてきたわけであるが、まず着手すべきは会計を3区分することである。資産状況を居住者自身で把握し、「経営」目線で自ら管理を行っていくに相応しい仕組みがどんなものか、考える必要がある。

次章では、マンションのより長期的なビジョンを持つことの意義について論じることとしたい。

自分たちで大規模修繕を進めよう

大規模修繕工事は、建物の経年劣化をなるべく元に戻すという資産価値の維持に役立つとともに、新たに手を加えることによりマンションの資産価値を向上させることもできる機会である。したがって、自分たちの納得のいく工事を企画し、実施したいところだ。

ただ、いざ初めて行う場合、何をどのように進めればいいのか見当もつかないものだろう。そうだとしても、管理会社に丸投げするのは信頼度が高くない限りは非常に危険である。なぜなら、建物のデベロッパー系列の管理会社だと建物の建設時の不具合が見過ごされたり、報告されなかったりする可能性があり、また居住者が理解していないことをいいことにオーバースペックな工事が行われてしまう可能性もある。管理会社が行う場合も、なるべく第三者の専門家をアドバイザーとして介在させ、客観的な眼で観てもらうべきである。

ここでは自分たちで大規模修繕工事を企画し、遂行していくためのおおよその手順を紹介する。

① 修繕委員会の立ち上げ

・人材募集

まずは、修繕委員を募集するところから始まる。理事会名義で希望者を募集することになるが、実際には自由応募ではまず手を挙げる人はいないだろう。できれば能力的に任せられる人にあらかじめ声をかけて、あるいは過去の理事経験者などある程度コアになる人材を集めておくべきだろう。プロジェクトマネジメントに関わったことがあり、会計や建設、企画に知見がある人がメンバーに含まれているとなおよい。

・修繕委員会のルール作成

表 修繕委員会のルール作成

委員会の目的	・委員会は何を目的とするのか
委員会の位置づけ	・意思決定権限があるのか、諮問機関なのか
取り扱う範囲	・委員会は何をするのか ・長期修繕計画の見直しは含むのか
構成員の把握と増減管理	・名簿で特定するのか ・誰が管理するのか
役割と運営方法	・理事会との関係で何をするか ・どのように集まるか
任期と解散条件	・途中でやめていいのか ・いつ委員会が解散するのか
選任と解任、退任	・どのように参加できるのか ・どのように辞めることができるのか

修繕委員会は非公式のものではあっても、目的や権限、構成メンバーや任期などのルール作成が必要である。少なくとも以下のことについて合意、明文化しておく必要があるだろう[表]。

② 方針の決定と工事業者の選定

まず、コンサルタントを導入するか、管理会社に任せるのかを決定する必要がある。コンサルタントを導入するならばその評判を調べ、実際に複数のコンサルタントにコンタクトして話と見積金額を聞く。修繕委員会内でどのコンサルタントにするかを合意したら理事会に対して推薦し、説明会を行う。理事会が同意したところで居住者へのプレゼンテーションを開催する。

説明会をひと通り開催し終えたら、通常総会または臨時総会へ選任の議案を提出し、報酬を予算案に組み込む。

コンサルタントが決定したら、いよいよ実務に取り掛かることになる。コンサルタントが自ら建物診断を行い、それに基づく工事項目の提案をしてくれるので、各工事項目を取捨選択するとともに、追加工事や不満点を解消するために居住者アンケートなどを行い、工事内容を決定する。決定した工事内容に基づき改めてコンサルタントに工事予算を見積もってもらい、工事業者を公募する。

応募してきた工事業者をコンペにかけて工事内容と価格を検討し、修繕委員会と理事会の合意をもって、大規模修繕工事の金額、委託業者、工事期間などの細目を詰めたうえで議案化し、工事予算を計上して、総会で決議する。

なお、駐車場会計の他会計からの分離は、修繕積立金の正確な残高を把握するために必要なので、この総会で同時に処理する。

③ 工事の実施と進捗管理

コンサルタントを導入した場合、工事の監督はコンサルタントに任せるので、委員会は適宜ミーティングを設けて進捗を確認すればよい。なお、工事項目を事前に漏れなく拾い上げることは不可能なので、適宜追加工事をお願いすることになる。たとえば、手摺りを付け忘れた、植栽の処分を頼みたい、バリアフリー化の検討を忘れていた、などである。

最後に修繕委員会が工事の全体をコンサルタントとともに実地で確認し、工事が適切に完了したことを確認する。

この段階でもさらに工事が漏れていたことに気づくことがあるので、最終確認をコンサルタントに任せきりにしていいというものではない。

④ 長期修繕計画の検討

長期修繕計画は、コンサルタントの協力を得てコンサルタントに作成してもらうといい。将来の未定事項についての計画は立てられないが、少なくとも必要な項目についての正確な支出の見積もりへの置き換えを行い、何年間で総額いくらの積立金が必要であるかを算出することが最大の目的である。

コンサルタントからの報告書ができ上がったら、理事会に委員会名義で報告書を提出し、修繕委員会のすべての活動が終了となる。長期修繕計画は、総会の議案として決議するべきである。

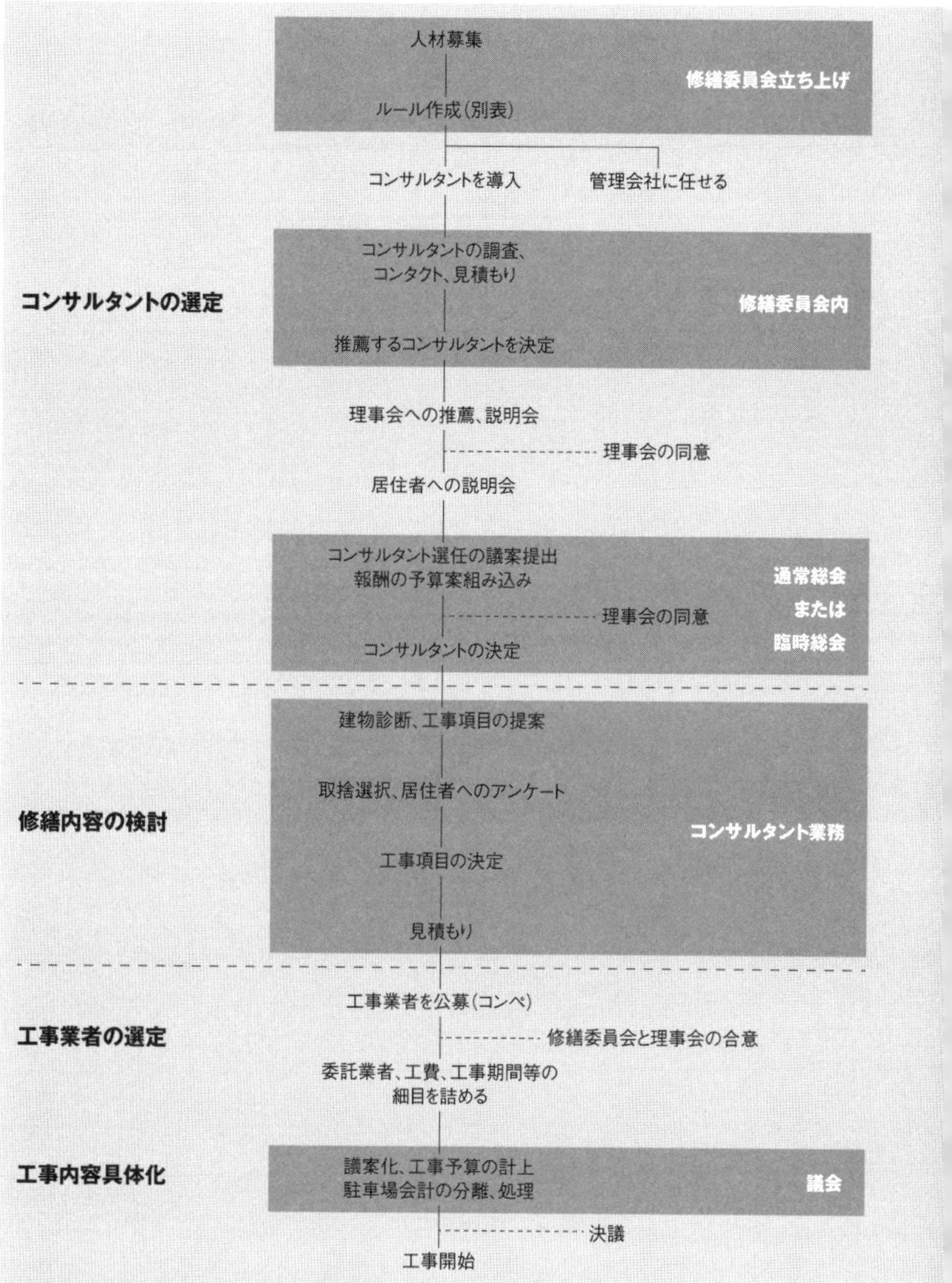

図　修繕委員会立ち上げから工事開始までの流れ

第5章

マンションの「将来ビジョン」を考える

1 第一世代の悲劇を繰り返さないために

ここまで見てきたとおり、マンションが抱える特有の構造的な課題、日本の住宅システムや都市化がたどってきたなかで蓄積されてきた問題が、人口減少社会を背景に顕在化してくるのは、もはや時間の問題と言っていいであろう。

このため第三章では、第一世代と呼ぶ旧耐震マンションについて、その終活と再生に取り組むことを提案した。そしてそれはやがて第二、第三世代にも同様に直面する問題であることも指摘した。第一世代のマンションの多くが事実上何の手も打つことができないまま劣化が進むことになった要因は、これまで区分所有者、管理組合が当面の課題だけに関心をもち、長期的な視点に立った権利調整と出口戦略の検討を避けてきたことにある。

これはもちろん区分所有者や管理組合だけの責任ではない。権利調整や出口戦略について真剣に考えないまま、マンションの普及と管理に関わってきた者の共同の責任である。

それだけに、マンションについてハード、ソフトとも経験がなく、すべてが手探りの状態できた第一世代のマンションの区分所有者や管理組合の経験と教訓を生かすことは重要である。第一世代のマンションの「苦闘」を繰り返さないためには、当事者である区分所有者と管理組合が早い時期からマンションの将来について検討し、区分所有者が自分たちの生活設計と重ね合わせて考える「将来ビジョン」づくりを進めることが必要ではないか——。以降、具体的に提言していきたい。

2　将来ビジョンをつくる意味

「将来ビジョン」とは、言葉のとおり、先の展望のことである。人は、学校に入学、仕事に就く、新しく家族をもつ……などのさまざまな転機に「これからどのような道を歩んでいくか」という展望を抱く。新たな場でどういった活動をし、どういった生活をしていくか……時間的な展望や、金銭面の計画、ライフスタイルの有り様を漠然と、ときに具体的に描いていく。それをマンションにあてはめ、個人や家族の生活の場として考えるとともに、多くの人が一緒に住まう共同体のあり方、建物・設備の性能や整備水準、周辺環境や地域社会との関係、市場における流通性や資産価値といったことにまで想いを馳せていくことである。

それには、本書の前段で述べてきたような、マンションがどういう性質の「住まい」であるかを知る必要がある。経年や立地場所に依る問題、区分所有者や住まう人自身による問題、社会的背景……このような問題意識をもとに、やがて来るべき時期に必要な判断ができるよう、区分所有者や居住者が考える共通の土俵をつくることでもある。

マンションの将来ビジョンをつくる意味は、計画の結果もさることながら、その過程にある。

区分所有者やその家族の状況をお互いに理解するとともに、建物・設備の耐用年数、今後想定される建物の改修や設備の更新のイメージや、必要な資金といった基礎的な情報を共有し、どのような選択肢があるのかを含め話し合いと知恵を出し合う素地を育てることが重要である。

これからの人口構成を考えれば、どこのマンションでも独居の高齢者が増えることは確実であり、孤立死も増えてこよう。「二つの老い」が進むことへの対応は、当然のことながら建物・設備の問題だけではない。高齢化する居住者どうしの助け合いや協力が、否応なしに必要になるのは、それほど先のことではない。区分所有者と居住者の構成の変化を予測し、管理組合がどんな対応策をとっていくか、将来ビジョンの検討対象はさまざまである。

将来ビジョンは、区分所有者やその家族がマンションの立地条件や周辺環境も考慮に入れて暮らしの将来像を描くためにも役に立つことになる。

区分所有者の価値観は多様だが、資産価値の推移は共通の関心事である。将来ビジョンは周辺の市場動向や資産価値も視野に入れるから、現在の長期修繕計画よりも広範な内容になる。マンションの管理運営や出口戦略を検討する基礎となるもので、企業の長期経営計画にあたる。立地や市場動向、区分所有者・居住者の構成なども視野に入れた計画とすることになる。将来ビジョンをつくり、検討することで、各区分所有者は、マンションの将来と自分の選択肢を重ねて考えることができるようになる。

本書ではマンションを三つの世代に分けて論を進めてきた。旧耐震・高経年マンションと最新の超高層マンションなどを同じ土俵の上で扱うことに無理があるためである。高齢者、働き盛り、若者の世代それぞれに将来への展望があるように、マンションにも築年数を踏まえた個々の条件に見合う、将来ビジョンが必要であろう。具体的に見ていこう。

3 将来ビジョン作成の効果

将来ビジョンをつくることは、次のような効果がある。

・管理組合としてマンションの将来を予測し、区分所有者などがイメージを共有することができる。
・具体的には、いつ修繕・リノベーション（改修）・建て替えを行うのか、そのための費用はいつ、いくらくらい必要なのかが予測できる。
・管理組合として、将来に向けた総合的な資金計画を立てることができる。
・区分所有者やその家族が、将来に向けて生活設計をすることができる。
・区分所有者やその家族が、住戸（専有部分）のリフォームなどについて計画的な投資をすることができる。
・将来ビジョンを念頭に入れた買い替えや住み替えが進むことで、区分所有者の「均質化」が期待できる。

・将来ビジョンの検討や共有を通じて、区分所有者どうしのコミュニティ形成が促進される。
・マンションの終活と再生についての合意形成が成立しやすくなる。

4 将来ビジョンと区分所有者の生活設計

この効果をもう少し具体的に考えてみよう。

①自分の住戸計画が立てやすくなる

区分所有者やその家族が参加してマンションの将来ビジョンをつくることで、区分所有者などは自分の生活設計とマンションの将来を重ねて考えることができる。これは現在行われている建物・設備の原状回復をおもな目的とする長期修繕計画にはない効果である。

たとえば、将来ビジョンをもとに「少なくとも今後一〇年間は建て替えの検討を行わない」ことを決めたとすると、少なくとも一〇年間は建て替えによってリフォームが無駄になることがない。区分所有者は安心して専有部分のリフォームを行うことができる。

一方、すぐにでも建て替えたいと思う区分所有者は、待ちきれずに買い替え・住み替えを行うかもしれない。管理組合が行う共用部分の修繕・改修については、屋上防水は行うがエレベーターや給水設備の交換は当面見送る、といった選択をすることになるかもしれない。

また、「一〇年後に修繕・改修か建て替えかの比較検討をする」と決めた場合には、管理組合はこの比較検討に必要な建物診断などの費用を一〇年かけて積み立てることができるし、一〇年後の検討に備えて必要な情報を集めることもできる。

「長期修繕計画にもとづく大規模修繕の実施をやめて、一〇年後に建て替えの検討に着手する」と決めれば、マンションを終の住処と考えていた高齢者は、リフォームを取り止めてほかに安住の地を探すことになるかもしれない。マンションを賃貸している区分所有者は、今後の契約を定期借家契約に切り替えることもできる。

②区分所有者の流動化が進む

将来ビジョンを作成することで、区分所有者の流動化が進み、同じニーズをもつ区分所有者が増えることが期待される。

マンションの維持管理・修繕の考え方や、将来の再生への展望を示した将来ビジョンを作成することは、現在の区分所有者の問題意識を高め、合意形成への下地をつくるだけでなく、将来への展望や期待が異なる区分所有者の退出を促し、将来展望を共有できる新たな区分所有者の転入を促進する効果もある。

多くのマンションが、それぞれの条件に合わせた将来ビジョンをつくるようになれば、生活者は自らの居住ニーズ、生活設計に合ったマンションを選び、区分所有者になることができるだろう。

5 将来ビジョンを考える六つの視点

マンションの長期ビジョンを考えることは、自分たちのマンションが社会と市場のなかでどのようなポジションにいるのか知ることでもある。そのための視点を整理すると以下のようになる。

①立地環境と不動産市場

マンションが建設・分譲された当時と現在は、立地する環境も不動産価格などの状態が大きく変わっていることが多い。これから先も変化が予想される。マンションが立地する地域の現状と将来展望を具体的に検討する。

・立地環境

その地域に今後どのような都市計画や大型プロジェクトがあるか、マンション周辺の住環境や利便性が、いつごろどう変わる可能性があるかを、行政や大規模事業者(デベロッパーなど)のデータをもとに整理し、マンションへの影響を考える。

・不動産市場の動向

マンションの市場価値(中古価格)がどのように変化しているのかをはじめ、周辺の物件相場、新築マンションの供給動向、地価相場、賃貸家賃などのデータをもとに、マンションの資産価値や将来性を検討する。

②敷地と周辺の土地利用状況

マンションの将来を考えるためには、マンションの敷地の状態だけでなく、隣接地や周辺についても使用状況、権利関係などを把握しておく必要がある。

・敷地の状態

たとえ遠い将来のことだとしても建て替えを検討するときがくる。マンションの敷地に適用されている指定容積率と使用容積率との関係、建て替えが必要になる場合の都市計画規制の内容など、マンションの資産価値と将来の選択肢の検討の前提となる情報を整理する。

・周辺の土地利用状況

たとえば隣接地と一緒に建て替えをすることで、容積率などの規制緩和の対象になる可能性がある。隣接地の使用状態、権利関係などを把握し、共同建て替えや再開発事業を行う可能性を検討する。

③建物・設備の状態

マンションの将来を考えるときに中心となるのは、建物や設備の状態である。建物・設備の老朽化だけでなく、ライフスタイルの変化や、高齢の居住者に困ることはないかといった「陳腐化」という観点からも検討する。

・建物・設備の老朽化

コンクリートの強度などを調べることで建物の躯体の劣化の状態を把握する。長寿命化を図るための方法や概算費用も検討する。

新耐震マンションであっても、設備機器の耐震強度に問題があることがある。総合的な耐震性を把握し、補強工事が必要な場合の工法、費用、生活への影響などを把握する。

・建物・設備の陳腐化

躯体の劣化が進んでいない場合でも、建物全体のつくり方、間取りといった機能面で使いにくいことがある。生活を続けるうえでどのような問題があるのか、改良する場合の方法や費用も含めて検討する。

④区分所有者と居住者の構成

一般的な傾向として、築年数が経過するとともに、区分所有者の入れ替わりだけでなく、賃貸化も進む。また、高齢の区分所有者の割合も大きくなる。生活の場であるマンションの将来を考えるためには、状況を正しく知る必要がある。

・区分所有者の構成

竣工当初からの区分所有者と、比較的最近住戸を取得した区分所有者では、ローンの残債といった条件も違う。また、マンション外に居住する区分所有者と実際に生活している区分所有者ではマンションの将来についての考え方も違う。アンケートなどを行い、現状と将来への考え方を把握する。

・居住者の年齢構成

生活の場であるマンションの現状に対する評価と将来への希望は、年齢によって大きな違いがある。高齢の区分所有者や居住者が安心して生活できるようにすることと、資産としてのマンションの将来を考えるためにも現状を正しく把握する。

⑤管理組合運営の現状と課題

マンションの将来を考えることは管理組合の重要な課題だが、日ごろの活動が着実に行われていないと、じっくり検討することができない。管理会社の役割や専門家かの導入も含めて、現状と課題を整理する。

・管理組合の運営状況

総会、理事会、専門委員会などが十分に機能しているか、役員のなり手はいるかといった基本的な状況を把握する。

・管理会社の役割

管理会社がその役割を十分に果たしているか、将来に向けて何を期待するのか、日常業務と長期的な視点に立つ業務のそれぞれについて検討する。

・コミュニティ

区分所有者や居住者が日ごろからお互いに十分話し合いができる関係かどうか、交流があるかどうかもマンションの将来に大きな影響を与える。

⑥地域社会や自治体との関わり

少子・高齢・人口減少社会が進むなかで、介護や医療の在宅化の動きが広がる。従来からある町内会などの地縁組織の機能が低下し、それに代わる地域社会の担い手として、マンションの管理組合や自治会が果たす役割が大きくなる。マンションと地域社会との関わりを把握する。

・地縁組織への加入状況

町内会など、地縁団体との関わり方や活動への参加状況、地域の情報が伝えられているかを把握する。

・防災・防犯活動

地域住民による共同行動の代表的なものは防災や防犯である。これらの活動への関与状況を把握する。

・自治体(行政)との連携

マンションが増加するとともに、行政のマンション施策も充実する。行政によるマンションに対する支援策などを有効に活用しているか、また行政に対する働きかけをしているか把握する。

6 マンションの将来、五つの選択肢

将来ビジョンを検討するなかでは、老朽化などに対応する選択肢も考慮に入れることになる。マンションの選択肢は大別して次の五つが考えられる。

①修繕工事を繰り返す

これまでの長期修繕計画や修繕積立金の範囲内で実施可能な修繕や改良を積み重ねること

で、できるだけマンションを長持ちさせる方法である。リノベーション（改修）や建て替えによる本格的な再生をめざすことへの意見がまとまらない場合や、多額の費用負担が難しい場合は、この方法を選択することになる。ただし、この方法を取り続ける場合は、単なる問題の先送りにならないように、いつまでこの状態を続けることができるか共通認識をもつことが必要である。

②改修とリノベーション

建物の構造体を生かして外観や設備を改修することで性能を向上し、マンション全体を若返らせる方法である。耐震改修、エレベーターの設置など、社会的要請や技術進歩に合わせてマンションの機能の改善・改良を図ることになるが、建て替えに準ずる多額な費用がかかる可能性もある。投資金額に見合うだけの資産価値への効果があるかどうかの見極めも大切である。

また、部分的な改修ではなく、建物全体をスケルトン状態にして全面的につくり変え、水・電気・ガスなどのライフラインや構造躯体の性能を必要に応じて更新・改修したり、ライフスタイルに合わせて間取りや内外装を刷新するリノベーションもこれに含まれる。新築マンションに近い状態に再生し、付加価値を上げる効果も大きい。

③単独建て替え

容積率に余裕がある場合を除き、原則として区分所有者が全額資金を負担してマンションを建て替える。そこで最も大きな問題となるのは、自己資金がなくローンの利用も難しい区分所有者のことをどう考えるかである。その人が永住を希望する場合は、外部の人も含めて誰かが区分所有権を取得し、再建後のマンションに賃貸居住するといった方法を考える必要もあるかもし

④ 区分所有者と居住者の構成	⑤ 管理組合運営の現状と課題	⑥ 地域社会や自治体との関わり
築年数が経過するとともに、区分所有者の入れ代わりだけでなく賃貸化も進む。高齢の区分所有者の割合も大きくなる。マンションの将来を考えるために状況を正しく知る必要がある。	マンションの将来を考えることは管理組合の重要な課題である。理事会、専門委員会の活動状況、管理会社の役割も含めて、管理組合の現状と課題を把握する。	人口減少社会が進むなかで、町内会などの地縁組織の機能が低下し、地域社会の担い手として、管理組合などの果たす役割が大きくなる。マンションと地域社会との関わりを把握する。

③ 単独建て替え	④ 共同建て替え・再開発	⑤ 一括売却（区分所有関係の解消）
【区分所有者の5分の4賛成】 ・適正化法による事業 ・等価交換などによる任意事業	【区分所有者の5分の4賛成】 ・再開発事業 ・適正化法による事業 ・等価交換などによる任意事業	【区分所有者の全員合意】 ※耐震性不足の場合 ・マンション建替え円滑化法による一括売却

マンションの将来ビジョン策定を目指し、幅広い視点をもつ

これまでの長期修繕計画は、おもに傷んだところを
新築当時の状態に戻すための計画。このため築30年、40年経っても
「自動延長」に近い計画の繰り返しになることが多い。
マンションの将来を考えるためには、建物・設備の状態だけでなく、
幅広い視点から検討することが必要である。

6つの視点

① 立地環境と不動産市場

マンションが建設・分譲された当時と現在は、地域の環境も不動産価格などの状態が大きく変わっている。これから先も変化が予想される。地域の現状と将来展望を具体的に検討する。

② 敷地と周辺の土地利用状況

マンションの将来を考えるためには、当マンションの敷地の状態だけでなく、隣接地や近隣の土地の使用状況、開発動向、権利関係などを把握しておく必要がある。

③建物・設備の状態

マンションの将来を考えるときに中心となるのは、建物や設備の状態である。建物・設備の老朽化だけでなく、ライフスタイルの変化、居住者の高齢化などとの関係、陳腐化も検討する。

マンションの将来ビジョンのための、いろいろな選択肢

多角的な検討をもとに、マンションの将来について、
どのような可能性があるのかを考える。
それぞれの選択肢の利害得失は区分所有者によって違うため、
それだけに正しい理解と判断が必要になる。

5つの選択肢

① 大規模修繕の継続実施

【区分所有者の2分の1賛成】
（修繕積立金で対応）
・長期修繕計画に基づく原状回復のための工事

② 改修とリノベーション

【区分所有者の4分の3賛成】
（一時金が必要なことが多い）
・躯体を活かして内外装・主要設備などを全面的に改修
・耐震改修
・ユニバーサルデザイン化など

マンションの長期ビジョン策定

図1　マンションの将来ビジョン策定に向けた6つの視点と5つの選択肢

れない。

④共同建て替え・再開発

容積率の割り増しなどの特例が認められる共同建て替えや再開発事業を利用して、少ない資金負担でマンションを建て替える方法である。権利調整には時間がかかるが、デベロッパーの参加や公共の支援も受けやすいため、区分所有者の負担は資金面だけでなく、事務手続きなどの面でも軽減される。

竣工後に行われた都市計画規制の変更により、現行の容積率や高さ制限に適合しない「既存不適格」のマンションもある。こうしたマンションの場合は、共同建て替えや再開発事業でなければ、建て替え後に現在の住戸面積を確保することができない。

⑤一括売却（区分所有関係の解消）

区分所有者の全員合意で、区分所有権を解消して建物と敷地を一括売却し、代金を区分所有権の持ち分に応じて配分する方法である。更地価格は中古マンション価格よりも高いこともあり、建て替えのために長期間にわたって意見の調整をするよりは、思い切って解散するほうが合理的な場合もある。

ただし、第一世代の耐震性が不足するマンションの場合は五分の四の賛成で一括売却を決議できるが、第二世代、第三世代のマンションの場合は、全員同意が必要になることに留意する（第3章参照）。

7 ライフサイクルコスト

将来ビジョンを作成することは、マンションのライフサイクルコストを考えることでもある。建物の企画、設計から建設、運用、修繕、改修、解体にいたるまでの全期間に必要な費用を算定するライフサイクルコストの概念は、オフィスビルなどでは常識になっている。しかしマンションでは、前述したように原状回復のための長期修繕計画と修繕積立金は設けられているが、改修による長寿化や解体までの全期間にわたる費用は考えられていない。つまり、オフィスビルでは当然必要とされる「経営」という視点を欠いたまま、区分所有建物の管理が行われていることになる。管理組合の業務も区分所有者の意識も、ライフサイクルコストを考慮した長期的な視点に立った経営ではなく、当面の維持管理の積み重ねに過ぎないものになっている。

マンションを持続可能な社会システムとして定着させるためには、管理組合が区分所有者の総意としてライフサイクルコストをベースとする将来ビジョンをもつことが必要になる。

8 将来ビジョンをつくる過程が重要

以上、具体的にここまで将来ビジョンの考え方や内容を取り上げてきた。検討する項目や、選択肢は多様で、これら一つひとつを理解し、合意して選択を行っていくのは相当の労力を要することになる。

ただ、マンションの将来ビジョンをつくる意味は、その結果もさることながら、その「過程」にある。区分所有者やその家族の状況をお互いに理解するとともに、建物・設備の耐用年数、今後想定される建物の改修や設備更新のイメージや、必要な資金といった基礎的な情報を共有し、どのような選択肢があるのかを含め、話し合いと知恵を出し合う素地を育てることが重要である。

将来起こりうる解決不能な事態に直面する前に、まずは話し合いから始めてみること——その第一歩を踏み出すことをどうかお勧めしたい。

終章　マンションと生きる

古来、日本では集住のかたちとして戸建住宅が集まった集落を維持してきた。時代を経て都市化が進み、利便性を求めて人口移動が加速、多くの集落がだんだんと消滅していった。集合住宅や団地、そしてマンションはそうした「集落」つまり共同体の現代の姿といえるだろう。かつては仮の住まいとされてきたマンションも、都市のコンパクト化が進むなか、終の棲家として選択する人も増加している。マンションは単に居住の形態としてだけではなく、地域のなかで「集まって住む」形態として選択されていることになる。

高齢居住者が増えるとともに介護や医療の在宅化も進んでいる。プレイルームを設けたりするなど積極的に子育て世代の共有空間を備えた「子育てマンション」と言われるようなマンションも増えている。これまで他の居住者との関わりをもたずに生活できる空間とされていたマンションに少しずつ変化が表れており、多数の人が同じ建物に暮らすマンション、集合住宅のもつ効率の良さに官・民の注目が集まっている。マンションは、もはや単なる個人住宅の集合体としてではなく「まち」としての機能も求められている。

これまで、マンションが直面するリスクや課題、その解決策について考えてきたが、ここでは、共同体、集住のかたちとしての日本人の暮らしと住まいの変遷、そしてそこにマンションがどう位置づけられてきたかを、住宅史を少々なぞりながらたどってみたい。

1　住まいのかたちと共同体

マンションが登場する以前の、古代から近代にいたるまで相当の間、日本人の、特に庶民の住宅は、平屋建てかせいぜい二階建ての木造の建物だった。縄文時代の暮らしを伝える三内丸山や、弥生時代の遺跡である吉野ヶ里の家と、明治時代の農家を比べてみても、ほぼ同じような家に暮らしてきたといっても過言ではない。材料は木、竹、藁などの植物が中心で、金属や石はほとんど使われていない。家のつくりも開放的で、他人が容易に出入りすることができるのが普通だった。こうした、あまり進歩していないように見える暮らしのなかで、しかしながら日本人は土地の環境と共生し、洗練された住文化を培ってきた。

木造住宅だからといって寿命が短かったわけではない。修繕についての技術やノウハウもきわめて高いレベルに達していた。千年以上も前の飛鳥時代や奈良時代に建てられた寺院など、大規模な高層建築物が現在も現役で使われていることや、江戸時代の初めに建設された城郭が堂々たる姿を見せていることは、日本の建築とメンテナンスの技術がきわめて高いレベルにあることを示している。

民家も同じである。現存する最古の民家といわれる神戸市にある「箱木家住宅（国指定重要文化財）」は、一九七〇年代まで実際に人が生活していたという。この家の柱には鎌倉時代に伐採された木材が使われている。これほど古くなくても江戸時代前半に建てられた多くの民家が現代に伝わっている。私たちの祖先が高い技術力で耐久性に優れた木造建築をつくってきたわけである。

合掌造で有名な岐阜県の白川郷では、茅葺屋根を三〇〜四〇年に一度葺き替えるが、その作業は「結《ゆい》」という村人の総合扶助の仕組みにより行っていた。長い歴史のなかで建物の構造とメンテナンスの仕組み、さらには暮らし方がひとつになった住文化が育まれてきた。

伝統的な日本の民家の特徴を一言で表せば「開放的」ということになる。鴨長明の『徒然草』に「家の作りやうは夏をむねとすべし。冬はいかなる所にも住まる。暑き比《ころ》わろき住居は堪へ難きことなり」とあるが、日本の夏は地域を問わず高温多湿で、空調設備がない時代は、風通しが良くなければ暮らせたものではなかったはずである。四季それぞれの貌を見せる地域の自然環境と調和した、住まいづくりと生活のノウハウを日本の住文化は形成してきた。

家のかたちが長い間変わらなかったのと同じように、集落などの地域共同体の姿も変わらなかった。日本の共同体の源流は戦国時代に形成された惣村《そうそん》だといわれている。室町幕府が統治力を失い、領主たちもめまぐるしく変わるなかで、農民たちは暮らしと生産活動を守るために結束し、掟をつくり集落ごとの自治をしてきた。現代人が日本の古き良き伝統、絆の象徴と考えている結や里山の入会などの共同作業や助け合いの仕組みも代々伝えられてきた。

いまでは懐かしさや、ときには憧れを感じる人もいる地域共同体であるが、同時代の人にとっては必ずしも暮らしやすいものでもなかったはずである。強い絆で結ばれているだけに、一人ひとりの人格やプライバシーはほとんど認められない社会だったことも認識しておかなければならない。

2 マンションの登場

長い時間のなかで形成されてきた日本人の住生活や地域社会との関わりが大きく変化したのは、鉄筋コンクリート（RC）造の集合住宅が大量に建設されるようになった第二次世界大戦後のことである。空襲で大量の住宅が焼失、戦後一〇年が経過した一九五五年になっても約二七〇万戸の住宅が不足していた。そこで日本住宅公団が設立された。一九五六年の経済白書が「もはや戦後ではない」とした翌年に、東京タワーが着工。映画「三丁目の夕日」が描いたように集団就職で多くの若者が大都市に集まり、東京や大阪などを中心に大量の中高層アパート団地が建設されていく。それによって、いわゆる「団地暮らし」と象徴される、RC造の2DKを中心としたライフスタイルが急速に普及した。およそ四三㎡程度の広さに、限られた空間を合理的に使うために導入されたダイニングキッチンや洋式トイレが配され、狭いながらも憧れの洋風のライフスタイルを楽しむことができる住まいとして、それまでの日本の住宅のイメージを一新し、若いサラリーマンなどの圧倒的な支持を集めた。

団地の人気に刺激された民間企業もRC造の集合住宅の供給に乗りだし、東京の都心部に高

宮益坂アパート（上）と四谷コーポラス（下）

級アパートが相次いで建設された。庶民向けとは言えない高家賃のアパートメントハウスだが、焼け野原から急速に復興した大都市の活力を象徴する動きだった。

日本で初めての分譲マンションは、一九五三年に竣工した東京・渋谷駅近くの一等地にある「宮益坂アパート」といわれている。日本がまだ連合軍の占領下にあった一九五一年に着工した建物で、供給したのは東京都の外郭団体である東京住宅協会である。一階が店舗（二〇戸）、二～四階が事務所（三六戸）、五～一一階が住宅（七〇戸）で、エレベーターが二基、戦後間もない時代としては最先端をいく建物だった。築六〇年を超え、さすがに老朽化が目立つが現在も使用されている。民間の分譲マンションの第一号は「四谷コーポラス」（二八戸）で、一九五七年に竣工したこのマンションも、現役でがんばっている。

こうしたなかで一九六〇年に池田内閣が「所得倍増計画」を発表し、日本は高度経済成長の時代を迎えることになる。

マンションの権利関係を定めた区分所有法が制定されたのは一九六二年のことである。東京オリンピックを前に代々木のメイン会場と駒沢公園を結ぶ青山通りが拡幅される過程で、地権者による高層の共同ビルや共同住宅の建設が進み、従来の民法の区分所有や共有の規定では権利関係を調整できなくなったことを反映したものだった。新幹線や首都高速道路が開通し、東京都心の大改造が進むなか、多くの民間企業がマンション事業に参入。オリンピック開催前年からの一九六三〜六四年は第一次マンションブームといわれ、二年間で一万戸を超えるマンションが供給された。ビンテージマンションとして人気が高い秀和レジデンスが登場したのもこのころである。この第一次マンションブームを起点としても二〇一五年で五〇年、最初の分譲マンションである宮益坂アパートが登場してから六〇年超が経過したことになる。

こうした、戦後に供給されたマンションとは別に、関東大震災後の一九二五〜三二年にかけて、震災の義捐金をもとに内務省によって設立された同潤会が建設したRC造のアパートがある。「同潤会アパート」は、欧米の集合住宅のノウハウを取り入れた先進的な建物・設備で、一九三〇年代に開花した都市文化を象徴するものだ。しかし、戦後の混乱期、まだ区分所有法も制定される前に、管理運営のルールがないまま居住者に払い下げられたため、計画的な修繕工事も行われずに建物・設備の劣化が進行し、一九八〇年代以降、相次いで取り壊し、建て替えをせざるをえない状態になり、二〇一三年に上野下アパートメントの解体によってすべての同潤会アパートが姿を消している。払い下げるときに管理運営のルールや長期修繕計画が用意され、管理費や修繕積立金を徴収する仕組みがあったら、まだ、築八〇年経過した状態でも建て替えをせずに立派に現役の住宅として存在していたかもしれない。

ちなみに筆者の一人の事務所は、同潤会アパートを手本に民間の事業家が一九三三年に建設した賃貸集合住宅にあるが、区分所有建物ではなく、建設主の末裔がオーナーとして、しっかりした考えのもとできめ細かな手入れや修繕を欠かさないため、良好な状態を維持している。格子戸の玄関などレトロな雰囲気が人気をよび入居を希望する人が絶えない。

また、同潤会アパートよりも古いRC造の集合住宅を全面的にリノベーションして再生した例もある。東京・本郷にある「求道学舎」である。一九二六年に仏教関係の学寮として建てられたもので、二〇〇四年に住宅金融公庫融資も利用して一〇戸のコーポラティブ住宅として再生した。

賃貸集合住宅（清洲寮）

3 共同体としてのマンションがもつ課題

1 暮らしのノウハウが蓄積されていない

こうした都市型のライフスタイルを象徴するマンションは、日本の伝統的な家や集落を否定するものとして登場し、大きく普及した。開放的な木造家屋とは違い、マンションは堅固で閉鎖的な空間として進化してきたのである。住宅公団などが供給した団地型の集合住宅は、マンションというよりは長屋の趣を残していたため、西洋長屋と呼ぶ人もいたが、近年分譲されるマンションはオートロックをはじめ二重三重のセキュリティシステムが装備され、居住者でもマンション内を自由に歩けないこともある。初期のマンションでは居住者同士の付き合いも自然なかたちで築かれていったから、現在のように「コミュニティ形成の必要性や重要性」が議論されることもなかった。

マンションが普及し、都市居住の主要な形態として定着するとともに、むしろ日本人の伝統的な暮らしと遠い、歴史の浅い住まいだということが明らかになってきた。マンションの住みこなし方や維持管理についての知識、経験、ノウハウがあまり蓄積されていないし、もちろん「お婆ちゃんの知恵」もない。建築技術やデザインは簡単に欧米の水準に追いつき追い越すことができるが、欧米人が何世代にもわたって培ってきた住むこと、暮らすことのノウハウを導入できず、日本の住生活の伝統も受け継ぐことができないまま現在にいたっている。

一四〇年前、福澤諭吉は『文明論之概略』（一八七五年）で、「文明の外形はこれを取るに易く、その精神は求むるに難し」といい「鉄橋石室を以て西洋に擬するは易しといえども、制法を改革するは甚だ難し」といったが、まさにこの一文、「石室」を「マンション」にあてはめることができるだろう。建物（ハード）としてのマンションは、半世紀の間に急速に普及したが、法制度や生活習慣などのソフトはなかなか追いついていないまま、再生という根源的な課題に直面しているのが、現在の状況である。

2 いわゆる「老朽化」

日本のマンションの歴史を振り返ってみると、建物や設備といったハードが急速に発展したのに比べて、前述のように住むこと、暮らすこと、維持管理することなどが十分に身につかないまま現在にいたっていることがわかる。このため維持管理やメンテナンスが計画的に行われていれば、まだまだ問題なく生活できるはずの築三〇〜四〇年程度のマンションが老朽化し、再生を検討せざるをえなくなっていることが少なくない。

そもそも戦前からのものを含めれば、日本のコンクリート造の中高層集合住宅の歴史は九〇年近くになる。また世界に現存する鉄筋コンクリート造の集合住宅で、最も古い建物は一九〇三年に建てられたパリのフランクリン街のアパートだといわれている。鉄筋コンクリート造の建物が登場してからいまだ一二〇年程度しか経っていないから、物理的な寿命は必ずしも明らかではないが、集合住宅としての耐用年数は維持管理次第で一〇〇年を超えることも不可能ではないことは実例からも証明されている。現代のマンションを語るときに、築三〇～四〇年程度で「老朽化」という言葉を使うことは、躯体の物理的特性から見ればおかしい。

しかし、物理的には使用可能でも、住戸の間取りや共用施設などの陳腐化により、建て替えか大幅な改修工事をしなければ住宅として使用に耐えられない状況に直面している。また、首都直下地震や南海トラフ巨大地震の発生が危惧されるなかで、これまでも重ねて触れてきた耐震性の劣る可能性が高い一九五六年以前に旧耐震基準で設計された第一世代のマンションは現実的にリスクが大きい。築年数としては三〇年程度でも、これらを「老朽化」と呼び、都市の安全性を確保するために終活と再生が求められているのが実情だ。

3　「管理」についての関心の低下

とはいえ、近年建設されたマンションは、三〇～四〇年前に比べて建物の品質性能が格段に向上し、管理についての制度も充実しているから、築三〇年程度で老朽化が心配されるようなことはないはずだ。しかし、いつかは修繕の域を超えた改修や建て替えが必要になる時期は必ず到来する。そのとき区分所有者の意見がまとまるかどうか、現在の高経年マンションよりも難しいことが懸念される。

その理由は、区分所有者のマンション管理についての関心が、次第に低下していることである。多くの人はマンションを購入するとき、管理のことまであまり考えていない。しかし、購入によって自動的に管理組合の構成員となり、区分所有者の共同の利益を実現するための義務を果

管理会社の役割

(一社)マンション管理業協会によれば、2014年9月現在、協会会員380社が管理業務を受託しているマンション107,289棟、5,505,549戸、ストック総数約601万戸の95%を占めている。建物・設備の仕組みが複雑で、さまざまな法令も関係するマンションの管理には専門知識と技術をもつ、総合力を備えた管理会社の関与が必要であり、ほとんどのマンションの管理組合が、実務を管理会社に委ねていることは当然である。

しかし、現在のところ管理会社に対する社会的な評価は高いとはいえない。さすがに一昔前のような清掃会社と混同することはなくなったが、マンションという社会インフラともいえるシステムをマネージする専門家集団という見方はほとんどされず、管理組合の決定事項を実施する現業組織というのが一般的な受け止め方である。

その要因の一つはマンション業界内で管理会社の地位が低いことにある。管理会社の多くはマンションデベロッパーの子会社であり、名の知れた大手管理会社の中には親会社の部長クラスが社長を務めているところもある。

デベロッパーと管理会社の関係を示すエピソードを紹介する。一戸5,000万円のマンションを100戸新規分譲した場合の売上総額は50億円になる。このマンションの管理費を一戸あたり1月1万2000円、管理会社の業務受託額を1戸あたり1月1万円とすると受託総額は年間1,200万円である。単年度の売上げ比較では400倍以上の差がある。管理受託額は毎年継続するがそれでも30年間の管理会社の売上総額は3億6,000万円である。もちろんこの数字がそのまま管理会社とデベロッパーとの力関係を示すわけではないが、企業グループ内で管理会社が置かれている状況の一端を知る手がかりにはなる。

管理会社の社会的地位が低いもう一つの要因は、管理会社の企画力や提案力が乏しいことにある。管理組合からの管理委託費の減額要求に対応するため、業務の質の向上が二の次になる傾向がある。「お客様第一」という建前のもとで行われるプロとしての矜持を欠いた管理組合への対応が、業務内容の質を低下させ管理会社の地位の向上を妨げている。

本書で提案している会計基準や経営的視点の導入、将来ビジョンの検討などは、本来は管理会社から積極的に問題提起されるべき課題である。とりわけ終活と再生への取り組みは、管理組合や区分所有者の内部から発意されるのが本来の姿だが実際には難しい。管理会社にとっては受託先を消滅させることにもつながるが、マンションの発展のためにはイニシアティブを発揮することが望ましい。

管理組合はオーナー団体であり業務の委託主といってもしょせん素人集団である。また、外部の専門家を管理者としても、マンション管理についての膨大な事務を遂行するためには管理会社は必要である。オーナー団体である管理組合とプロ集団としての管理会社がパートナーとして緊張感のある信頼関係を形成できるようにすることも、マンションの大きな課題である。今後、超高層をはじめ高度な技術を集約したマンションが増えるとともに管理会社の役割はますます大きくなる。管理会社が電力、ガス、鉄道あるいは金融機関のような社会の根幹を担う存在に発展することを期待したい。

たすことが要求される。今日では管理についての理解が進み、区分所有者の多くが理事などの役員も経験している。だが、管理総会などで審議される議題の多くは、区分所有者の利害に直接影響するようなことは少ないから、委任状を提出することで、組合員としての務めを果たすことが普通になっている。また、管理会社などの能力も向上しているため、日常的な業務については「任せて安心」と思う区分所有者が増えているようである。

制度インフラの整備やセキュリティシステムの充実などが進むのと反比例するように、区分所有者が自ら管理をするという意識が希薄になっていないだろうか。

象徴的な話として、プライバシーに神経質な都市住民が防犯カメラの設置には異を唱えない。居住者名簿の作成には否定的なことが多いマンション居住者も、防犯カメラに身をさらすことには拒絶反応を示さない――というようなことがある。マンションは防犯面も含め、共同の課題解決の多くを管理会社とセキュリティシステムに依存している。大地震が発生し電源を喪失したとたんに、これらの機能は失われるだろう。このとき、どのようにして取り組むのか――、共同体のなかでいま一度意識して考えてみなければならない。

4　超高層マンションに降りかかる問題

こうしたなか、特に心配なのは、現在とても人気が高い超高層（タワー）マンションである。そこには、大きく分けて三つの問題がある。

第一は、規模が大きく区分所有者の数が多いこと。

超高層マンションでは一棟の建物に数百戸から、なかでも一、〇〇〇戸を超える住戸があることも珍しくない。公団などによる団地も数百戸のものがあるが、多くの棟に分かれているため、棟ごとにまとまりができて、近所づきあいも保たれてきた。日ごろから草取りなどをするなど、管理やコミュニケーションを行ってこられたこともあり、再生について自然なかたちで話し合いが行われやすい状況が、比較的あったといえよう。建て替えにより一二九四戸の新たなマンションとして再生した東京郊外・多摩ニュータウンの諏訪二丁目団地は、二三棟の建物、六四〇戸(区分所有者)だったが、こうした棟ごとの話し合いが合意形成の下地をつくっていた。

一方、超高層マンションの場合は、一棟の建物のなかに全住戸があり、高速エレベーターで上下移動する暮らしである。団地のような長屋風のコミュニティは育ちにくいのが普通である。区分所有者が多いことに加えて、話し合いを積み重ねることが、建物の構造上も難しくなっている。

第二は、区分所有者間の格差が大きいこと。

団地の場合は、間取りも価格もほとんど同じだから、区分所有者の経済状態にそれほど大きな違いはない。しかし、超高層マンションはとくに高さの違いによって住戸の分譲価格に大きな開きがあることが多く、四億円の住戸と四、〇〇〇万円の住戸が一棟のなかに存在するようなことも普通である。住戸の価格が区分所有者の経済力をそのまま反映することはないだろうが、これまでの団地や中規模以下のマンションにはあまり見られない格差が超高層マンションにはあると考えられる。このことは、多額の資金を必要とする改修や建て替えの合意形成の障害になるはずである。

第三は、容積率にまったく余裕がないこと。

超高層マンションの多くは、総合設計制度*1などを利用して建設しているため、都市計画で指定されている容積率を大幅に上回る建物になっていることが多い。建て替えをする場合、規制緩和などにより容積率の上乗せをすることが困難なだけでなく、社会情勢に変化によって容積率が引き下げられる可能性もある。実際、四〇年ほど前に建設されたマンションのなかには、その後の都市計画の変更により、建て替えた場合に現在の規模を確保できない「既存不適格マンション」もかなり出てきている。今後、同様の問題が起きる可能性を否定できない。

自ら管理組合の役員を務める八、〇〇〇人の超大規模超高層マンションのことを、「行政なき自治体」と評した人がいる。ある意味、まったくそのとおりである。大都市の再編、都市再生等再開発の動きや都市のコンパクト化が進むなかで、中核となるような超高層マンションの建設は後を絶たない。それらがやがて「老朽化」したときのことを考えている区分所有者、関係者は果たしてどれほどいるのだろうか。

＊1――総合設計制度は都市計画で定められた容積率や高さ制限などを、一般の人が自由に通行できる公開空地を設けることで緩和することで、土地の利用効率を高くする仕組みである。

4 マンションという「まち」と生きる

1 マンションが地域のあり方を変える

テレビや新聞でも報道されるように、毎月発表されるマンションの供給戸数や契約率は、経済の活力を示すバロメーターのひとつである。バブル崩壊後の失われた二〇年のなかで、マンションの販売戸数は急増しており、不振にあえぐ日本経済を下支えしてきたといっても過言ではない。そのなかで日本人の居住水準はまだ決して良いとはいえないものの、不動産を資産の中心とする国民性は簡単には変わりそうもなく、マンションが少なくとも都市における日本の「住まい」の中心となるのも、もはや時間の問題といってもいいかもしれない。

第1章でも見たように、人口減少社会のもとでもマンションに対する需要は根強いものがあり、マンションが社会に与える影響は大きい。社会システムとしてのマンションへの信頼感を向上することは、今後の日本経済の発展にとっても重要な課題であろう。しかし、これはデベロッパーや管理会社、行政だけの仕事ではない。当事者である区分所有者、管理組合の課題でもある。マンションは建物が大きく、多数の人が暮らしているだけに、良くも悪くも地域に与えるインパクトが大きい。自分たちのマンションの将来を考えることが、これからの地域のあり方を決める場合もある。

具体的にいうと、団塊の世代の高齢化は、マンション居住にとっても新たな問題を提起することになる。利便性が高い都市部で暮らす高齢者は、独居や高齢者のみの世帯も多い。なかでも深刻な問題は、在宅医療・在宅介護への対応である。高齢者の急増に医療や介護関係の施設整備が追いつかないため、国や自治体は在宅医療と在宅介護を中心とする方向に大きく舵を切っている。しかし現在のマンション、特に築年数が経過したマンションは自宅で医療サービスや介護サービスを受けやすい構造や仕組みになっていない。たとえば、狭いユニットバスでは入浴サービスを提供するほうも、受けるほうも大変である。共用部分のバリアフリー化だけでなく、在宅医療・在宅介護を受けることができるインフラ整備のための改修工事や建て替えが必要になる。

マンションの将来を考え、長寿命化をはかるとともに、いつかは訪れる終活期に備えるためには、自分たちのマンションのことだけではなく、地域も視野に入れた取り組みが必要になる。

これまで多くの自治体は、地域社会との円滑な関係づくりと、行政事務の補助的な役割を期待して町内会や自治会の住民団体との連携を強化してきたが、マンションの管理組合は、こうした自治体と住民団体との協働関係の外にいるのが普通である。行政の側からみれば管理組合は私有財産を管理する組織であり、マンションに居住していない組合員もいるから住民の団体ではないということになる。管理組合の役割を規定している区分所有法の視点からは、管理組合は建物を管理する団体であり、地域のことは業務外ということになる。

しかし、東京・中央区や豊島区などの一部の自治体はマンション管理条例をつくり、行政の立場からマンションへの取り組みを強化している。今後こうした動きが都市の自治体に広がることは間違いない。

マンションの居住性と資産価値を高めるためには、建物や設備などを中心とした個々のマンションのあり方を考える将来ビジョンをつくるとともに、地域社会との関わりを含むグランドデザインを構想することも必要な時代になっている。

2 マンションが日本を支える

第一世代のマンションは、日本がいちばん元気だった高度成長期に供給された、いわば草創期のマンションである。これらのマンションと区分所有者・管理組合を、出口が見えない状態から救い出し、閉塞感を打破することは、マンションと都市の新たな発展を支えることになる。

ただ、第一世代のマンションについては、一種の「社会実験」の結果としてとらえることとし、終活と再生を急ぐ必要があろう。それには耐震改修によるリノベーションという選択肢もあるが、費用負担と得られる効果を考えると、実質的には再開発を含む建て替えと一括売却が現実的な選択肢ということになってしまうかもしれない。だがもちろん終活と再生は第一世代のマンションだけの問題ではない。耐震性能については問題がないとされる第二世代、第三世代のマンションでも、維持管理が良くなければ老朽化が進み、遠からず再生が必要になる可能性はある。また、どれほどしっかりした管理が行われているマンションでも、一〇〇年程度たてば全面改修や建て替えの問題に直面する。

「二つの老い」という問題を、当事者である区分所有者や管理組合を中心にどのようにして解決するか、第一世代の経験と教訓を第二世代、第三世代、さらに今後供給されるマンションに引き継いでいくことができるかは、マンションという機能的で合理的な住まいのかたちが、本当に日本の社会に持続的に定着していくかどうかの分かれ道になるに違いない。

3　マンションは「共同体」たりうるか

いま、日本は大きな転換の過程にある。第一章でも紹介した「増田レポート」で、全国約一、八〇〇ある自治体のうち、八九六市区町村が二〇四〇年までに消滅する可能性があると触れられたのが、この転換期の大きさを象徴している。多くの市町村が実際に消滅するかどうかはわからないが、多数の集落や地域共同体が数値に表れる表れないに関わらず、姿を消しつつあることはまちがいない。

ただ、危機の本質は集落の消滅ではなく、これまで社会を基底で支えてきた集落や集落型の共同体が機能を喪失するなかで、それに代わる共同体が形成されていないことにある。

法制度としてみれば、じつはマンションは集落や町内会などよりも強固な共同体としての機能を備えている。「区分所有法」は共同の利益に反する行為をした者を追放することができると定めている（第五十九条）。「マンション管理の適正化に関する指針」は「今後、建築後相当の年数を経たマンションが、急激に増大していくものと見込まれることから、これらに対して適切な修繕がなされないままに放置されると、老朽化したマンションは、区分所有者自らの居住環境の低下のみならず、ひいては周辺の住環境や都市環境の低下など、深刻な問題を引き起こす可能性がある」としている。

・防災に関する手引の作成、防災用品の備蓄
・災害時要援護者の把握
・暴力団排除の取り組み
・居住者間のコミュニティ形成および活性化
・地域とのコミュニティ形成

総務省の通知

総務省は2014年度に開催した、「都市部におけるコミュニティの発展方策に関する研究会」の報告書をもとに、2015年5月「都市部をはじめとしたコミュニティの発展に向けて取り組むべき事項について」、次のような通知(技術的助言)を各自治体に通知した。

① 地域的な共同活動を行うマンションの管理組合について、自治会・町内会などと同様の取扱いを行うこと。
② 災害への対応など、都市部のコミュニティが抱える課題の解決に向けて、マンションと地域の連携が円滑に進むよう働きかけなどを行うこと。
③ 自治会・町内会や管理組合といった各種主体の活動をワンストップで支援する組織の設置を検討すること。
④ これまで地縁団体をおもなベースとして想定されてきた自主防災組織に管理組合なども位置付け、災害弱者などの名簿情報の提供先とするなど、防災面における役割を明確化すること。

地域社会の新しい「核」としてのマンション

地方自治を所管する総務省がマンションに着目し、その役割を自治体の施策に位置付けることを求める助言をしたことの意味は大きい。総務省の技術的助言に先行して同様の施策を進めているのが千代田区の外郭団体(公財)まちみらい千代田である。江戸の中心地だった千代田区には由緒ある歴史をもつ100以上の町内会がある。同時に430棟以上のマンションに区民の8割以上が生活している。区は伝統的な地域社会と最先端のマンション生活を両立させるために多くの施策を実施しているが、その大半をまちみらい千代田が担当、マンション生活者が自由に意見交換するマンションカフェの開催や各種相談に応えるワンストップサービスなどを実施している。

今後、高齢化と人口減少が進むなかで住宅としてだけでなく、地域の共同体としてのマンションの役割は、好むと好まざるとにかかわらず大きくならざるをえなくなる。特に、高齢者の増加とともに医療や介護の分野では、これまでの病院や施設への入院・入所を中心とする仕組みから、在宅を中心とする仕組に転換することになる。多くの人が集まって住むマンションのメリットとともに、医療や介護には必ずしも適さない建物や住戸の仕様が、在宅医療などのネックになることも考えられる。自治体のマンション施策が、地域の居住環境を左右する時代になっている。

マンションと自治体の施策

マンションは社会資本であるとともに生活の場である。マンションがどのような方向で発展するか、あるいは困った存在になるかは、地方自治体の消長にかかわる問題である。

地域差が大きい「マンション化率」

東京カンテイが都道府県、政令都市、市区別に「マンション化率」を毎年発表している。これは行政域の世帯数に対するマンションのストック(戸数)の割合をみたもので、12ページにも示したが、2014年末現在の全国のマンション化率は12.08%。都道府県別で最も高いのは東京都の26.38%、最も低いのは青森県で0.86%である。10%を超えているのは東京、神奈川、大阪、兵庫、愛知、千葉、福岡、埼玉、京都の9都府県である。都市型の住まいであるマンションは当然のことだが地域の偏りが大きい。東京23区全体では30%を超え、千代田区の83.96%を筆頭に都心部で高いのに対して、江戸川区や葛飾区では20%以下となっている。

マンションとその居住者が地域に占める割合によって自治体の施策は違ってくる。国や都道府県による施策だけでは、マンションが抱える課題に対応できないことがある。このためマンション居住者が多い自治体では、独自に実態調査を実施し管理状態や課題の把握につとめ、東京の中央区や豊島区のようにマンションについての条例を制定しているところもある。

豊島区マンション管理推進条例

東京都豊島区が2013年に制定した「豊島区マンション管理推進条例」は、マンションの管理組合に以下を義務(努力義務を含む)付けるとともに、実効性を確保するために、管理組合理事長などの代表者がマンションの現状を届け出る制度を義務化し、実施しないマンション名を公表する罰則も規定している。

[義務]
・管理規約などの作成および保管・閲覧
・総会および理事会議事録の作成および保管・閲覧
・名簿などの作成および保管
・設計図書、修繕履歴など管理に関する図書の適正保管
・連絡先の明確化(管理組合ポスト、緊急連絡先表示板の設置)
・法定点検および設備点検・清掃の適切な実施
・長期修繕計画の作成
・町会と加入などについて協議
[努力義務]
・管理用の施設や設備および管理員などの管理体制の維持
・適時適切な修繕の実施
・旧耐震基準のマンションの耐震化
・防災への対応

しかし現実にはどうだろうか。多くの区分所有者や居住者が同じ建物を所有し、生活をしているマンションは、「一定の区域に住所を有する者の地縁に基づいて形成された地縁団体」である町内会に比べて地域共同体としては脆弱なことが多い。長い歴史をもつ地域共同体が機能しなくなり、消滅しつつあるのに対して、次々に建設され居住者が増え続けるマンションは共同体としての機能を実際的には備えていない。くわえて一時期は共同体的な関係があった会社等の企業体からも共同体的な意識は消えている。宗教も共同体を形づくる有力な媒体だが、現代の日本では大きな力になるとは思えない。このままでは「共同体なき社会」になりかねないことが、現代の危機であるように見える。

だが、人間は社会的動物であり、「共同性」が失われることはない。現在は、農村集落を原型とするこれまでの共同体から、新しい都市型の共同のありかたや共同体を模索している段階にあると見るべきではないだろうか。

共同体の本質は、一人ひとりの人間では対応できない課題を、集団で解決することにある。別の角度から見れば、共同の課題解決や利害の調整に取り組むことができなければ、共同体とはいえない。集団で耕す必要がなくなれば課題解決や利害調整はいらなくなり、農村共同体もなくなる。集落の行事は無形文化財として、しばらくの間は継承されるだろうが、それもいつしか遠い記憶にすぎなくなる。

ただ、集落共同体よりも起源が古い「一所懸命」から逃れられないのが、良くも悪くも日本人の特性である。共同体の基本的役割である利害調整、権利調整と課題解決に関わらざるをえない。

消滅しつつある農村集落型の共同体に代わりうる、新しい共同体の枠組みの基礎になるのは、マンション型の居住形態だろう。逆説的だが、コンクリート系の堅牢な構造体に包まれることで、人は伝統的な住まいの形態と居住の仕組みのなかで暮らすよりも自由になる。この手軽さと自由さがマンションを普及させる大きな要因になった。このマンション型の居住の手軽さや機能性は、現代人の行動範囲を広げてきたのだ。

その一方で、手軽さや機能性と引き替えに、意識していかなければならないのは、マンションを自ら「経営」し、「管理」することである。その象徴的な課題であり大きな目標が自らのマンションをやがてどう「再生」するかである。高経年、多様化する区分所有者、地域共同体としての機能……こうした問題を知り、まずは自分と、自らの暮らすマンションの未来について、そしてマンションの将来ビジョンについて、向き合って考えてみることから始めてほしい。

デベロッパーの〝初期設定〟を活かし、居住者で進めるコミュニティづくり

——プラウド船橋／ふなばし森のシティ（千葉県船橋市）

マンションの概要

プラウド船橋は、千葉県船橋市の団地型マンションである。マンション五棟（全一、四九七戸）、戸建て四二邸、総合病院、スーパーマーケット、公園などを一体開発した「ふなばし森のシティ」の一角である。二〇一三年から入居が始まった、「第三世代」のマンションである。

まちづくりのコンセプトは「スマートシェア・タウン」である。先進の環境技術やICTネットワーク技術を活用した最先端の都市システムを整備するとともに、居住者の「絆」を生むさまざまな仕組みを仕掛けており、「集まって住むことの良さ」を意識したまちづくりを進めている。「ふなばし森のシティ」は生まれたばかりの新しいまちであるが、居住者にとって「みらいのふるさと」となることをめざしている。すなわち、「このまちで生まれ育った子どもたちが、大人になってまちを一度離れたとしても、また戻ってくるようなまちでありたい」（森のシティ自治会・小林会長）という目標を掲げている。

ふなばし森のシティでは、マンション・戸建ての居住者や総合病院、薬局、スーパーマーケットなどをメンバーとした「森のシティ自治会」を結成し、コミュニティの形成・活性化に向けた取り組みを行っている。

デベロッパーによる〝初期設定〟と、その設定を活用してコミュニティを育てる居住者

——環境活動に関する初期設定と活用

プラウド船橋には最先端の環境技術が随所に組み込ま

れている。たとえばスマートメーターの活用により、マンション各住戸内でエネルギー利用量や二酸化炭素排出量のリアルタイムでの「見える化」を実現している。三〇分単位での電気の利用状況をみることができ、マンション内でのランキングも表示されることから、自分の利用状況にもフィードバックされる。また、カーシェアリングやバイクシェアリング用に電気自動車・電気自転車を導入している。「グリーン・カーテン」としてバルコニーでツタ類の植物を育てるための設備・機器があらかじめバルコニーに設置されている。

これらハード面での〝仕掛け〟を居住者どうしの交流につなげるために、ソフト面での〝仕掛け〟も行っている。たとえばグリーンカーテン教室を開催するだけではなく、育成状況について情報交換を行ったり、森のシティ内でグリーンを育てる「ガーデナーグループ」の立ち上げも行った。現在、このグループは公園の清掃活動なども実施している。居住者一人ひとりが自ら「おもしろい」「びっくりした」「うまくできた」という発見・興奮・驚きを体験し、その体験を交換し、さらに街での活動を促すことで、コミュニティの形成や活動の継続に向けた強いモチベーションにつながっている。

――サークル・クラブ活動に関する初期設定と拡大

居住者どうしの交流を生み、深めるためのサークル・クラブ活動として、ビッグバンドや花壇づくりなどが入居時から用意されていた。

この〝初期設定〟による活動には多くの居住者が参加しているが、くわえて、居住者が自ら積極的に新たなサークル・クラブを設立し、活動するようになった。たとえば英語や料理、囲碁などの共通の趣味をもつ人たちが、外部から講師を招いて教室を開いている。

入居時からサークル・クラブ活動が準備されていたことで、「このマンションではサークル・クラブ活動ができるんだ」という意識を居住者が自然にもったこと、また分譲・入居後の早い段階から新たにサークル・クラブを立ち上げる人たちが出てきたことから、デベロッパーや管理組合、自治会が主導するのではなく、個々の居住者が主導して草の根的に立ち上げ、活発に活動する土壌ができている。

ふなばし森のシティ自治会の廣田理事は、「デベロッパーがサークル・クラブ活動を最初から用意しておいてくれたおかげで、〝○○サークルがあるなら□□サークルもつくろう〟という居住者の発想につながっている」「さまざまな〝前例〟をつくることが、将来の人たちの活動しやすい環境づくりに つながっている」と述べており、デベロッパーによる初期設定が居住者の自発的な活動を生んでおり、そのことがさらなる新たな活動につながっていることがうかがえる。

また、森のシティでは入居以来毎年、夏祭りを開催している。これまではデベロッパーの〝初期設定〟であるコミュニティ形成支援会社や自治会の事務局が主導的な役割を担って企画・運営を進めてきたが、その役割を徐々に居住者有志に移管している。

なお居住者によるさまざまな活動（イベントやサークル・クラブ活動の設立など）は、各棟エントランスに配置されているデジタルサイネージに表示されることで全居住者にすぐに伝わっており、「ハード面での〝初期設定〟」を活用している。

居住者一人ひとりによる自律的なコミュニティ活動が未来につながる

ふなばし森のシティ、あるいはプラウド船橋はつくられたばかりの新しいまち・建物であり、現時点で修繕や「終活」について具体的な議論はまだなされていない。しかし時間の経過とともに建物の劣化は進むため、将来的には修繕や「終活」についての検討が必要になる時期も必ず訪れる。その際に、居住者どうしが本音で話し合える土壌があるかどうかは、マンションの運命を大きく左右する。

ふなばし森のシティではこれまで述べてきたように、デベロッパーが用意した「初期設定」を居住者がうまく活用し、コミュニティの形成が進んでいる。さらにはデベロッパーによる「初期設定」を超えて、居住者が自ら積極的にコミュニティ活動を行っている。デベロッパーから「提供された」仕掛けや中心的な役割を担う一個人に依存したコミュニティ活動ではなく、居住者一人ひとりが自律的に活動するという土壌が生まれ、育っていることは、これから直面するさまざまな課題・論点についてマンション内外で議論していくにあたって、大きな強みになるであろう。

あとがき

日本を襲う人口減少は、いったいどこまで大きな影響を及ぼすのか予想もつかないほどである。

国立社会保障・人口問題研究所の推計によれば、現在の日本の人口一億二七〇〇万人に対し、四五年後の二〇六〇年には八七〇〇万人程度、すなわち約四〇〇〇万人減少するとされている。これは関東地方の総人口(約四二〇〇万人)がまるまるいなくなってしまうのと同じ規模であり、単純計算で年間一〇〇万人弱の減少が四五年間続くことになる。また、人口の約三分の一が消滅するということは、単純に考えて日本に現存するインフラの三分の一は不要になり、廃墟になるということでもある。現在でも、地方農村、漁村部には若者の仕事がなく、残されているのは老人ばかりという場所は少なくないが、この状況が続けば少なからぬ村や町が徐々に消滅することは避けられないであろう。

日本からこれほど急速に人が少なくなっていく以上、住宅やインフラに対する需要も劇的に減少していくことになる。すでに空き家が放置されている問題が明らかになっており、人口減少が本格化すると問題は急速に深刻化していくであろう。

この流れはあまりにも大きいので、多くのマンションがこの嵐に容赦なく巻き込まれることになるだろう。

たとえば、少子高齢化が進むことで労働人口が激減し、引退世代が増える。特に団塊の世代と団塊ジュニア世代の二つが高齢化することで頭でっかちな人口構成になる。このとき一体何が起こるのであろうか？　おそらく、財政は福祉負担の増大と労働人口減少による税収の落ち込みによるダブルパンチを受けるであろう。マンションでは独居老人と介護不足、孤独死という問題がさらに大きくなる。

また、マンション居住者の高齢化により居住者で管理することが困難になり、第三者管理者管理制度がより普及していくことになるであろう。そのとき、果たして費用負担の増加に耐えられるのであろうか。

マンションによっては外国人の区分所有者、居住者が増加していくことであろう。特に来日して間もない外国人が入居しはじめ、それが無視できない割合になったとき、理事会は日本語以外で行うべきなのか、という基本的なところから検討する必要が生じる。文化的・宗教的慣習の違いから、日常的にも様々な軋轢を生じることがあるだろう。さらに人口減少対策で大規模に移民政策という形で外国人を受け入れ始める可能性も十分にある。

本書では、マンションの世代ごとにどのような特徴があるのか、どのようなリスクがあるのか、マンションの終活と再生はどうあるべきか、第二、第三世代の資産価値をどのように維持向上することができるのか、より大きな視点でビジョンを構築することの大切さを論じてきた。いずれの事態が起こったとしても、それらをどのように乗り越えることができるのか、その考え方と方策の一端を示してきたつもりである。

幸せはマンションでは買うことはできない。しかし、マンションは人生の幸不幸を左右することがあるのもまた事実である。本書を読んでくださった皆様が、現状の問題またはこれから起こる問題にいち早く対処を始め、将来の不幸の芽を摘むことができるように筆者一同願ってやまない。

来るべき人口減少社会を乗り越え、マンションとともに生きよう。

二〇一五年七月
著者一同

また、耐震化や建て替えといった再生策については民間事業者が技術やノウハウを蓄積していることが多い。この資料は原則として全国を対象に施策や事業などを実施している官公庁、諸団体を収録した。

電話番号	ホームページアドレス	備考
03-5253-8111(代)	http://www.mlit.go.jp/	マンション政策、管理組合、マンション管理士
03-5253-8111(代)	http://www.mlit.go.jp/	デベロッパー、管理会社等
03-5253-8111(代)	http://www.mlit.go.jp/	建築基準法等
03-5253-8111(代)	http://www.mlit.go.jp/	国土の将来像(国土形成計画等)
03-5253-8111(代)	http://www.mlit.go.jp/pri/	国土交通省のシンクタンク
029-864-2151(代)	http://www.kenken.go.jp/	住宅・建築・都市計画技術に関する研究開発
045-650-0111(代)	http://www.ur-net.go.jp/	旧日本住宅公団
03-3812-1111(代)	http://www.jhf.go.jp/	マンションすまい・る債、融資等(旧住宅金融公庫)
03-3595-2984(代)	http://www.ipss.go.jp/	人口統計、将来推計等
03-3222-1516	http://www.mankan.or.jp/	マンション管理についての国の相談窓口
03-3581-9421(代)	http://www.fdk.or.jp/	大手デベロッパーの団体
03-3511-0611(代)	http://www.zenjukyo.jp/	中堅デベロッパーの団体
03-3500-2721(代)	http://www.kanrikyo.or.jp/	マンション管理会社の団体
03-3256-6400	http://www.nikkanren.org/	マンション管理士の全国組織
03-5777-2521(代)	http://www.mks-as.net/	マンション修繕施工会社の団体
03-5259-8625(代)	http://www.malca.or.jp/	マンションの防災力強化を推進する団体
03-5408-9830(代)	http://www.belca.or.jp/	建築物のロングライフ化を推進する団体
03-3504-2381(代)	http://www.anuht.or.jp/	新しい都市型集合住宅の研究開発等
03-5211-0680	http://www.cbl.or.jp/	優良住宅部品(BL部品)認定等
03-3407-6471(代)	http://www.n-elekyo.or.jp/	大手エレベーター会社の団体
03-5281-7050(代)	http://www.emu.or.jp/	独立系エレベーターメンテナンス会社の団体
03-5816-2818(代)	http://www.adoc.or.jp/	建物診断・改修設計・維持保全の専門家集団
03-3486-2510(代)	http://www.renovation.or.jp/	住宅リノベーションの推進
03-5512-6451(代)	http://www.kenchiku-bosai.or.jp/	耐震診断・改修等の支援
03-5388-3362	http://www.taishin.metro.tokyo.jp/	耐震診断・改修等の支援
03-6912-0772	http://www.jaso.jp/	耐震診断・改修等の支援
03-3591-2361(代)	http://www.uraja.or.jp/	再開発、建て替えの相談
03-6400-0261	http://www.urca.or.jp/	再開発、建て替えの支援
03-5388-6115	http://www.saisei-navi.jp/	建て替え、再生の支援
03-3456-2061(代)	http://www.kenchikushikai.or.jp/	建築士会の全国組織
03-3408-7125(代)	http://www.jia.or.jp/	建築の設計監理を行う建築家の団体
03-5256-1241	http://www.zenkanren.org/	管理組合団体の連合会
03-6206-4668	http://www.jicl.or.jp/	マンションについての学術研究団体
03-5211-1037	http://www.jares.or.jp/	不動産についての学術研究団体
03-3456-2051	https://www.aij.or.jp/	建築についての学術研究団体
03-5211-0597	http://www.uhs.gr.jp/	都市と住宅についての学術研究団体
03-6403-7800(代)	http://www.jutaku-s.com/	住宅新報及び書籍発行
03-5363-5801(代)	https://shukan-jutaku.com/	週刊住宅及び書籍発行
03-3555-2404(代)	http://www.mansionkanri-shimbun.co.jp/	マンション管理新聞発行
03-3798-3351		マンションタイムズ発行

[資料]マンション関連の官公庁、研究機関、事業者団体など

マンションについての国の施策は国土交通省が基本的な方針を示しているが、都道府県や区市町村によってマンションの普及に差があるため、具体的な施策の実施状況は自治体による大きな違いがある。

名称	所在地
国土交通省住宅局市街地建築課マンション政策室	〒100-8918 東京都千代田区霞が関2-1-3
国土交通省土地・建設産業局不動産業課	〒100-8918 東京都千代田区霞が関2-1-3
国土交通省住宅局建築指導課	〒100-8918 東京都千代田区霞が関2-1-3
国土交通省国土政策局総合計画課	〒100-8918 東京都千代田区霞が関2-1-3
国土交通省国土交通政策研究所	〒100-8918 東京都千代田区霞が関2-1-3
国立研究開発法人建築研究所	〒305-0802 茨城県つくば市立原1
独立行政法人都市再生機構(UR)	〒231-8315 神奈川県横浜市中区本町6-50-1
独立行政法人住宅金融支援機構	〒112-8570 東京都文京区後楽 1-4-10
国立社会保障・人口問題研究所	〒100-0011 東京都千代田区内幸町2-2-3
公益財団法人マンション管理センター	〒101-0003 東京都千代田区一ツ橋2-5-5
一般社団法人不動産協会	〒100-6017 東京都千代田区霞が関3-2-5
一般社団法人全国住宅産業協会	〒102-0083 東京都千代田区麹町5-3
一般社団法人マンション管理業協会	〒105-0001 東京都港区虎ノ門1-13-3
一般社団法人日本マンション管理士会連合会	〒101-0021 東京都千代田区外神田1-1-5
一般社団法人マンション計画修繕施工協会	〒105-0003 東京都港区西新橋2-18-2
一般社団法人マンションライフ継続支援協会	〒101-0054 東京都千代田区神田錦町3-21
公益社団法人ロングライフビル推進協会	〒105-0013 東京都港区浜松町2-1-13
一般社団法人新都市ハウジング協会	〒105-0001 東京都港区虎ノ門1-16-17
一般財団法人ベターリビング	〒102-0071 東京都千代田区富士見2-7-2
一般社団法人日本エレベーター協会	〒107-0062 東京都港区南青山5-10-2
エレベーター保守事業協同組合	〒101-0047 東京都千代田区内神田1-2-6
建物診断設計事業協同組合	〒110-0016 東京都台東区台東1-6-6
一般社団法人リノベーション住宅推進協議会	〒150-0002 東京都渋谷区渋谷2-12-19
一般財団法人日本建築防災協会	〒105-0001 港区虎ノ門2-3-20
東京都耐震ポータルサイト(東京都市街地建築部建築企画課)	〒163-8001 新宿区西新宿2-8-1
特定非営利活動法人耐震総合安全機構	〒112-0013 文京区音羽 1-20-16
公益社団法人 全国市街地再開発協会	〒105-0001 東京都港区虎ノ門1-19-10
一般社団法人再開発コーディネーター協会	〒105-0014 東京都港区芝2-3-3
一般社団法人マンション再生なび	〒151-0073 東京都渋谷区笹塚1-56-10
公益財団法人日本建築士会連合会	〒108-0014 東京都港区芝5-26-20
公益社団法人日本建築家協会	〒150-0001 東京都渋谷区神宮前2-3-18
特定非営利活動法人全国マンション管理組合連合会	〒101-0041 東京都千代田区神田須田町1-20
一般社団法人日本マンション学会	〒101-0042 東京都千代田区神田東松下町33
公益社団法人日本不動産学会	〒102-0071 東京都千代田区富士見2-7-2
一般社団法人日本建築学会	〒108-0014 東京都港区芝5-26-20
公益社団法人都市住宅学会	〒102-0071 東京都千代田区富士見2-7-2
株式会社住宅新報社	〒105-0001 東京都港区虎ノ門3-11-15
株式会社週刊住宅新聞社	〒160-0022 東京都新宿区新宿1-9-4
株式会社マンション管理新聞社	〒104-0043 東京都中央区湊1-9-8
株式会社マンション管理情報研修センター	〒108-0073 東京都港区三田2-14-7

マンション調査チェックリスト

このチェックリストはマンション管理組合が任期の開始時に自らのマンションの現状を調査し、今後の方針検討に役立てることを目的としている。また、幹事や外部機関がマンションの現状調査や問題点を把握するのに役立てることもできる。

マンション名	
情報記入日	
所在地	
最寄駅	
販売会社	
施工業者	
管理会社、担当者	
管理方式	
管理人	
理事長、理事、監事	
竣工	
棟数、階	
建物総面積	
住戸数（うち空き住戸、賃貸住戸）	
住民の特徴	
駐車場台数、方式	
施設概要	
設備概要	
大規模修繕履歴	
マンションの特徴	
近隣の重要情報	

内容	
管理会社・管理人	
□	管理会社が行う業務仕様は、重要事項説明書として居住者に明示されているか。
問題・懸念点はあるか?	
□	工事図面は保管されているか。
問題・懸念点はあるか?	
□	管理会社の担当者は理事会に出席し、クレームや要望に適時に適切に対応しているか。
問題・懸念点はあるか?	
□	管理会社の担当者は、マンション管理に関する提案をしているか。
問題・懸念点はあるか?	
□	管理会社は、保管書類のリストを作成し適切に保管しているか。
問題・懸念点はあるか?	
□	管理人と住民とのコミュニケーションは円滑に行われているか。
問題・懸念点はあるか?	
□	マンションの資産価値(売却価格)に変動を及ぼす事象はあるか。例:隣りに新たなタワーマンションの建設計画がある
問題・懸念点はあるか?	
□	管理人は管理業務日誌をつけて、問題点を管理組合や管理会社に連絡しているか。
問題・懸念点はあるか?	
□	過去の工事・補修履歴の一覧は作成されているか。
問題・懸念点はあるか?	
□	日常的に清掃され、清潔に保たれているか。
問題・懸念点はあるか?	
□	管理規約の変更があった場合、新たな冊子を配布する、電子ファイルを開示するなどの対応を行っているか。
問題・懸念点はあるか?	
□	法定点検(建築基準法、消防法、水道法、電気事業法)はすべて行われているか。
問題・懸念点はあるか?	
□	管理委託契約に有効期間の定めはあるか。
問題・懸念点はあるか?	
組合運営	
□	住民はマンション運営に積極的か。
問題・懸念点はあるか?	
□	理事の選任は、2年単位半数改選で持ち回りとなっているか。
問題・懸念点はあるか?	
□	理事会の他に特別委員会などを設置し、理事会の業務を分担しているか。
問題・懸念点はあるか?	
□	理事会の議題は、理事から能動的に設定しているか。
問題・懸念点はあるか?	

□	理事会は課題一覧表を作成し、未解決の課題をフォローアップしているか。
問題・懸念点はあるか?	
□	理事会の引継資料はチェックリストとともに作成されているか。
問題・懸念点はあるか?	
□	アフターサービス期間が切れる前に、外部の専門家に依頼し、点検を行って補修の必要性を把握しているか。
問題・懸念点はあるか?	
□	マンションのコミュニティは機能しているか。
問題・懸念点はあるか?	
生活環境	
□	マンション内行事は企画されているか。
問題・懸念点はあるか?	
□	オートロックはあるか。
問題・懸念点はあるか?	
□	過去にマンション内に不審者が侵入したことはないか。
問題・懸念点はあるか?	
□	最寄り駅への交通の便は良いか。
問題・懸念点はあるか?	
□	買い物は便利か。
問題・懸念点はあるか?	
□	管理規約などのルールに違反する行為で問題になっていることはあるか。
問題・懸念点はあるか?	
□	共用施設利用は容易か。
問題・懸念点はあるか?	
□	共用部に私物が置かれていないか。置き場は整理されているか。
問題・懸念点はあるか?	
□	定期清掃は適切に行われているか。
問題・懸念点はあるか?	
□	住民間にトラブルを抱えていないか。周辺住民とのトラブルはないか。
問題・懸念点はあるか?	
□	ペットやゴミ出しなどの生活ルールは守られているか。
問題・懸念点はあるか?	
□	バリアフリー化されているか。高齢者対策は行われているか。
問題・懸念点はあるか?	
□	景観に問題はないか。特筆すべき点はあるか。
問題・懸念点はあるか?	
□	マンションは閑静な場所にあるか。
問題・懸念点はあるか?	

□ 地域、マンション内に治安上の懸念点はないか。

問題・懸念点はあるか?

□ マンション周辺またはマンション内の騒音が問題になったことはあるか。

問題・懸念点はあるか?

□ 住民から意見を収集する仕組みはあるか。

問題・懸念点はあるか?

資産管理

□ 居住不能な事情のある住戸は存在しているか。

問題・懸念点はあるか?

□ 駐車場の稼働率が低下していないか。

問題・懸念点はあるか?

□ 定期点検や委託業務の作業報告を適時に受領しているか。

問題・懸念点はあるか?

□ 植栽のデザインは誰が決めるか明確になっているか。

問題・懸念点はあるか?

□ 水漏れなどの欠陥は報告されているか。

問題・懸念点はあるか?

□ 業者選定は見積書の提出を求め、相見積もりを行なっているか。

問題・懸念点はあるか?

□ 通信インフラは、現代的に更新されているか。

問題・懸念点はあるか?

□ 共用施設で壊れたまま放置されているものはないか。

問題・懸念点はあるか?

□ ほとんど利用されていない共用施設は存在するか。

問題・懸念点はあるか?

□ エレベーター保守、機械式駐車場保守の金額の妥当性について検討しているか。

問題・懸念点はあるか?

□ 玄関ホール内装や設備の見直しを適時に検討する仕組みはあるか。

問題・懸念点はあるか?

財務管理

□ 財務書類の監査は会計の知識がある人が実施しているか。

問題・懸念点はあるか?

□ 管理費の水準の妥当性について、検討したことがあるか。

問題・懸念点はあるか?

□ 資金の過不足はどのように管理しているか。

問題・懸念点はあるか?

□	管理費、修繕積立金の受払いは、不正が起こらない仕組みが確立されているか。
問題・懸念点はあるか?	
□	理事会の承認のない支出項目はないか。
問題・懸念点はあるか?	
□	理事長、あるいは理事が単独で支出をできる仕組みになっていないか。
問題・懸念点はあるか?	
□	毎月、預金通帳と帳簿残高が一致していることを確かめているか。
問題・懸念点はあるか?	
□	管理費などの多額の未納が生じていないか。
問題・懸念点はあるか?	
□	管理費は潜在的に駐車料金などで補填されていないか。
問題・懸念点はあるか?	
□	外部から料金を徴収する収益事業は行われているか。
問題・懸念点はあるか?	
□	決算収支は予算と比較し、差額について説明されているか。
問題・懸念点はあるか?	
□	収納した管理費などが、管理会社の倒産など不測の事態があった場合に保証されているか。
問題・懸念点はあるか?	
□	過去に不正流用、不正使用などの事実はあるか。
問題・懸念点はあるか?	
□	管理会社担当者が自由に預金を引き出せる仕組みになっていないか。
問題・懸念点はあるか?	
長期修繕計画・修繕積立金	
□	長期修繕計画は、合理的な前提をおいて立案されているか。すなわち、インフレ率や消費税率などを加味し、見積もりの具体的な根拠を説明できるか。
問題・懸念点はあるか?	
□	長期修繕計画の主要項目(金額が大きい項目)に漏れがないことは、どのように確認できるか。
問題・懸念点はあるか?	
□	長期修繕計画は30年以上をカバーしているか。今後3回の大規模修繕を計画に含めているか。
問題・懸念点はあるか?	
□	大規模修繕を行った際に、修繕委員会を立てていたか。または立てる予定はあるか。
問題・懸念点はあるか?	
□	大規模修繕以外の修繕計画が、時期到来したときに考慮されているか。どのような仕組みで検討されているか。
問題・懸念点はあるか?	
□	外部コンサルタントに調査、コンサルティングを依頼することを検討したか。
問題・懸念点はあるか?	

□	修繕積立金は、長期修繕計画に合わせて過不足なく積み立てられる計画になっているか。極端な値上げや借り入れが発生する計画になっていないか。
問題・懸念点はあるか?	
□	過去の修繕積立金の値上げは、適時に行われているか。
問題・懸念点はあるか?	
□	長期修繕計画は適時(5年以内)に見直されているか。見直すための仕組みは存在しているか。
問題・懸念点はあるか?	
防災計画	
□	防災計画は検討されているか。
問題・懸念点はあるか?	
□	災害対応マニュアルは作成されているか。
問題・懸念点はあるか?	
□	地域自治会と防災についての決まり事はあるか。
問題・懸念点はあるか?	
□	避難訓練は行われているか。
問題・懸念点はあるか?	
□	建物の耐震性は十分であることは確かめられているか。
問題・懸念点はあるか?	
□	管理会社の災害時に関する業務は管理委託契約に定められているか。
問題・懸念点はあるか?	
□	災害時の避難経路や避難場所は定められているか。
問題・懸念点はあるか?	
□	防災グッズ、簡易トイレ、水や食料など、必要な準備はされているか。
問題・懸念点はあるか?	
□	火災保険などに加入しているか。
問題・懸念点はあるか?	
□	全住民に対する連絡手段は整えられているか。
問題・懸念点はあるか?	

飯田太郎《いいだ・たろう》

一九四二年、東京生まれ。早稲田大学文学部在学中から広告やマーケティングの仕事にかかわる。マンション関係のＰＲを手がけるなかでマンション管理の重要性を知り、自宅マンションの管理組合理事長や修繕委員長も経験し、地域のＮＰＯ活動にも参加している。一八八三年、（株）ＴＡＬＯ都市企画を設立、都市農地保全、マンション建替え、都市再生、地域コミュニティなどのコンサルティングに従事。近年は、特にマンション防災を主なテーマに活動、二〇一三年、一般社団法人マンションライフ継続支援協会（ＭＡＬＣＡ）設立とともに専務理事に就任した。マンション管理士。

著書：『マンション建替え物語』（共著、鹿島出版会、二〇〇八年）ほか。

本書執筆：第三章、第五章、終章、コラム（第四章）

保坂義仁《ほさか・よしひと》

一九七一年、神奈川生まれ。一九九六年北海道大学理学部数学科を卒業とともに理系の道から逃亡。

二〇〇一年公認会計士試験合格し、大手監査法人で監査業務に従事する。監査法人を退所後は内部統制コンサルタント、業務プロセスに関連するコンサルティングをメインとしてサービスを展開する。

私生活ではマンションの修繕委員会の委員長として様々な会計的問題を改善しつつ大規模修繕工事を成功させた。マンション管理組合の監査業務サービス、コンサルティングを構想中。

著書に『内部統制の改善マニュアル』（共著、中央経済社、二〇一〇年）がある。

本書執筆：第四章

大沼健太郎《おおぬま・けんたろう》

一九七八年、東京生まれ。二〇〇三年慶應義塾大学大学院政策・メディア研究科修士課程修了、同年野村総合研究所に入社。以来、住宅、防災、地域振興といったテーマを主として、官公庁や民間企業に対するコンサルティングに従事。

現在、野村総合研究所未来創発センター上級コンサルタント。

著書に『経営用語の基礎知識　第三版』（共著、ダイヤモンド社、二〇〇八年）、『東京・首都圏はこう変わる！　未来計画二〇二〇』（共著、日本経済新聞出版社、二〇一四年）がある。

本書執筆：第一章、第二章、コラム（第二章、終章）

人口《じんこう》減少《げんしょう》時代《じだい》のマンションと生《い》きる

二〇一五年八月二〇日　第一刷発行

著者　飯田太郎《いいだたろう》、保坂義仁《ほさかよしひと》、大沼健太郎《おおぬまけんたろう》

発行者　坪内文生

発行所　鹿島出版会
一〇四-〇〇二八　東京都中央区八重洲二-五-一四
電話　〇三(六二〇二)五二〇〇　振替　〇〇一六〇-二-一八〇八八三

デザイン　高木達樹(しまうまデザイン)

印刷・製本　壮光舎印刷

ISBN978-4-306-03376-4　C3052　Printed in Japan

本書に関するご意見・ご感想は下記までお寄せください。　URL http://www.kajima-publishing.co.jp　E-mail info@kajima-publishing.co.jp